Gotham Writers'

Lezioni di scrittura creativa

Traduzione di
Guido Del Duca

Dino Audino
editore

via di Monte Brianzo, 91
00186 Roma
www.audinoeditore.it

Cura redazionale di
Alice Crocella

Terza edizione

Stampa: Tipografia & Servizi Politano, via Casilina Vecchia, 147 – Roma
Progetto grafico e immagine di copertina: Duccio Boscoli
Finito di stampare gennaio 2021

Indice

Capitolo primo
Scrivere storie: cosa, come e perché p. 5
di Alexander Steele

Capitolo secondo
Personaggi: contrasto e coerenza 20
di Brandi Reissenweber

Capitolo terzo
Mettere a fuoco la trama 37
di David Harris Ebenbach

Capitolo quarto
Il punto di vista: un menu completo 52
di Valerie Vogrin

Capitolo quinto
Descrizioni: dipingere con le parole 69
di Chris Lombardi

Capitolo sesto
Dialoghi: parliamone 83
di Allison Amend

Capitolo settimo
Dove e quando: lo spazio e il tempo 99
di Caren Gussoff

Capitolo ottavo
La voce: il suono della storia 113
di Hardy Griffin

Capitolo nono
Il tema: di cosa parla questa storia? 126
di Terry Bain

Capitolo decimo
Revisione: scrivere è riscrivere 136
di Peter Selgin

Appendice
Il Santo Graal della pubblicazione 152
di Corene Lemaitre

Ringraziamenti

Lezioni di scrittura creativa è nato grazie all'esperienza di dieci insegnanti del Gotham Writers' Workshop e del preside Alexander Steele, che ha supervisionato l'intero progetto.

È anche il risultato degli sforzi di Andre Becker, presidente del Gotham Writers' Workshop, Faith Hamlin di Stanford Greenburger Associates, Colin Dickerman di Bloomsbury e Nikki Moustaki per la cura editoriale. Un ringraziamento speciale va allo staff del GWW: Joel Mellin, Dana Miller, Linda Novak, Betsey Odell, Stacey Panousopoulos e Charlie Shehadi.

Questo libro esiste grazie al talento degli insegnanti del Gotham Writers' Workshop ed è dedicato a tutti gli studenti che continuamente ispirano e stimolano ad andare avanti.

Gli autori sono:

Allison Amend: ha pubblicato molti racconti su diverse raccolte e riviste, ed è editor presso *StoryQuarterly*.

Terry Bain: ha pubblicato molti racconti sulle principali riviste di narrativa e scrive storie umoristiche.

David Harris Ebenbach: autore di narrativa e poesia, i suoi racconti e le sue poesie vengono pubblicate sulle principali riviste del settore.

Handy Griffin: autore di racconti brevi pubblicati su riviste americane, scrive anche saggi apparsi sul "Washington Post". Vive a Istanbul, in Turchia.

Caren Gussoff: ha scritto il romanzo *Homecoming* e la raccolta di racconti *The wave and other stories*.

Corene Lemaitre: autrice del romanzo *April Rising*, ha vinto il primo premio nel concorso del World Wide Writers per i racconti brevi.

Chris Lombardi: ha pubblicato racconti su diverse riviste di narrativa e in molte antologie. I suoi saggi sono apparsi su "The Nation" e "Inside MS".

Brandi Reissenweber: autrice di numerosi racconti, è assistente editoriale della rivista "Zoetrope: All-Story" e ha fondato un laboratorio di scrittura terapeutica a Safaspace, un centro di recupero per ragazzi disadattati.

Peter Selgin: autore di racconti apparsi sulle principali riviste di narrativa, è anche un apprezzato disegnatore. Ha scritto e illustrato il libro per bambini *S.S. Gigantic across the Atlantic*.

Alexander Steele: è il preside del Gotham Writers' Workshop. Ha scritto numerosi testi teatrali, sceneggiature, saggi e ha pubblicato diciassette libri per ragazzi.

Valerie Vogrin: autrice del romanzo *Shebang* e di numerose raccolte di racconti, ha fondato la casa editrice Smallmouth Press.

Capitolo primo

SCRIVERE STORIE: COSA, COME E PERCHÉ

di Alexander Steele

In qualità di preside del *Gotham Writers' Workshop* sono circondato da persone che desiderano diventare scrittori. Ogni giorno lavoro con i nostri insegnanti, persone di grande talento che avrebbero potuto sfondare in molti altri campi, e invece hanno scelto la vita precaria dello scrittore di narrativa.

Spesso osservo i nostri studenti, alcuni provenienti da New York e dintorni, altri provenienti da tutti gli Stati Uniti, ma anche da Cina, Africa e Australia, nelle nostre aule virtuali del cyberspazio. Vedo il mondo intero in queste classi – medici, avvocati, ragionieri, bidelli, poliziotti, impresari di pompe funebri, casalinghe, pensionati, studenti, psicologi, guardiani di zoo e molto altro ancora.

È un dato di fatto: un numero impressionante di persone desidera creare storie.

Perché?

Anche se questo capitolo, a partire dal titolo, non sarà precisamente una riflessione filosofica sul perché scriviamo storie, vediamo se è possibile rispondere a questa domanda cruciale, preferibilmente prima della fine.

UNA BREVE DEFINIZIONE DI NARRATIVA

Cominciamo dalla domanda più semplice: cos'è la narrativa? Nella sua accezione più ampia, la narrativa è semplicemente una storia inventata.

Creare storie è qualcosa di antichissimo.

In un lontano passato, i nostri antenati uomini delle caverne iniziarono a inventare storie e a raccontarsele a vicenda. La tradizione crebbe e alcune di queste storie divennero, per così dire, dei "best-sellers" assurgendo allo stato di miti, racconti destinati a essere tramandati di generazione in generazione e a viaggiare attraverso i continenti e a modellare il modo di pensare della gente. A un certo punto, alcune di queste storie vennero scritte per essere *lette*. Un intraprendente scrittore della Mesopotamia incise *L'Epos di Gilgamesh* su tavolette di pietra qualcosa come quattromila anni fa. E la revisione non doveva essere certo una

cosa semplice. Tutto ciò ci porta a una definizione più ristretta di narrativa: una storia inventata e raccontata in prosa solo con le parole.
Solo con le parole.
Questa è la grande sfida e il grande potere della scrittura creativa. Non c'è un attore o un narratore che può usare la gestualità o la recitazione. Non c'è un pittore o un regista a mostrare posizioni e inquadrature. Tutto avviene solo grazie a questi piccoli simboli che chiamiamo lettere, che sono contenute nelle parole, che si moltiplicano per formare frasi e paragrafi. E per qualche processo magico queste parole interagiscono con l'immaginazione dei lettori in modo che i lettori stessi siano catturati nella "realtà" della storia – come Alice che attraversa lo specchio – e una volta catturati possono vivere e sentire e appassionarsi a questa realtà alternativa come fanno per le vicissitudini delle loro vite reali.
Per noi umani questo processo è importantissimo. È come se avessimo un bisogno primario di storie, ogni tipo di storie, inventate o no, paragonabile al bisogno di cibo, di protezione, di compagnia. Penso ci siano due possibili spiegazioni.
Prima spiegazione: intrattenimento. Noi cerchiamo l'intrattenimento, e le storie sono uno dei modi migliori per soddisfare questo desiderio. Seconda spiegazione: il significato. La nostra curiosità, e forse la nostra insicurezza, ci portano a esplorare continuamente il chi, il cosa, il dove, il quando e il perché della nostra esistenza. Alcuni la chiamano "ricerca della Verità".
Molto spesso la narrativa soddisferà uno di questi desideri, o entrambi, e lo farà molto bene e in una maniera incredibilmente semplice. Tutto ciò che una storia richiede è che le parole interagiscano con la fantasia del lettore, un connubio che, per molte persone, rappresenta la migliore forma possibile di narrazione, per non dire la più comune.

UNA QUESTIONE DI FORMA

Torneremo all'intrattenimento e al significato fra poco, adesso parliamo delle forme basilari di narrativa.
Prima di tutto, il romanzo. Normalmente un romanzo, negli USA, è lungo almeno ottantamila parole (circa 320 pagine a doppia spaziatura). Alcuni romanzi sono un po' più brevi, altri sono più lunghi. I romanzi sono solitamente divisi in capitoli, che permettono al lettore di prendersi una pausa mentale.
Un romanzo è l'equivalente letterario di una sinfonia, la più grande e ambiziosa forma di narrazione. I romanzi non solo sono più lunghi delle altre forme di narrativa, di solito sono più ricchi in tutti i settori: più personaggi, più scene, maggiori sviluppi, maggiore *peso*. Possono avere una storia centrale, ma questa di solito è circondata da un mondo in frenetica attività. Qualcuno una volta mi ha detto di riuscire a capire se uno scritto era un romanzo o un racconto semplicemente ascoltando la prima frase. Un concetto che dà da pensare.

Alcuni romanzi sono complicati. *Guerra e Pace* di Lev Tolstoj è oceanico, racconta storie di innumerevoli personaggi, in molti anni e migliaia di chilometri, avvolgendo il lettore nella Storia, passando in rassegna tutti gli aspetti dell'umanità. Ma *Il Giovane Holden* di J.D. Salinger si svolge in pochi giorni e non abbandona mai il protagonista, il giovane Holden Caulfield. E poi c'è *Ulisse* di James Joyce, che dura almeno ottocento pagine, e attraversa varie menti e pensieri, ma rimane nei confini di un singolo giorno a Dublino.

Scrivere un romanzo è un grande impegno che può portare via molti anni, una vera e propria prova di resistenza.

Poi c'è il racconto. Il racconto in media ha la lunghezza di un capitolo di questo libro, anche se di recente i racconti-flash (storie di una pagina o due) sono diventati di moda. I racconti sono l'equivalente letterario di una canzone. Non sono necessariamente meno emozionanti di un romanzo, proprio come *Amazing Grace* non è meno imponente della *Nona Sinfonia* di Beethoven, ma lo scopo di un racconto è diverso, più limitato. Spesso i racconti si concentrano su un singolo evento, su un singolo aspetto della vita di un personaggio.

Il nuotatore di John Cheever racconta il tentativo di un uomo che, in un pomeriggio estivo, decide di tornare a casa nuotando di piscina in piscina. *Una pallottola nel cervello* di Tobias Wolff si concentra sui pochi, importanti minuti che un critico letterario passa in fila allo sportello di una banca. A volte i racconti vengono scritti per essere raccolti in un libro, come accade per *Racconti dell'Ohio* di Sherwood Anderson, dove le storie toccano diversi personaggi, che vivono tutti nella stessa cittadina.

I racconti sono forse il modo migliore per iniziare a scrivere narrativa, perché richiedono meno tempo di un romanzo, ma anche il racconto ha delle regole ben precise. Se a un romanzo può essere perdonato qualche eccesso, il racconto deve essere tenuto a dieta. Ogni parola *è importante*. Il miglior racconto richiede una precisione e una economia degne della poesia.

Infine c'è la novella, o romanzo breve, che si colloca tra il romanzo e il racconto. La novella può essere lunga da quindicimila a ottantamila parole circa. Alcuni romanzi brevi uniscono il grande obiettivo di un romanzo con la narrazione scarna di un racconto, come nel caso di *Cuore di tenebra* di Joseph Conrad, che racconta un lungo viaggio di un piroscafo su un fiume africano. Altri romanzi brevi uniscono l'obiettivo limitato di un racconto con la narrazione prolissa di un romanzo, come nel caso di *Metamorfosi* di Franz Kafka, che racconta pochi, folli giorni nella vita di un uomo che si sveglia e scopre di essersi trasformato in uno scarafaggio.

Generalizzare ulteriormente riguardo queste forme di narrazione sarebbe sbagliato. Sono forme elastiche e possono diventare cose diverse in mano a scrittori diversi.

Su quale forma concentrare i nostri sforzi? Diciamo che una storia deve prendere la forma che vuole, la forma in cui può essere raccontata meglio. Per esempio, si può cominciare a scrivere un racconto e poi scoprire che i personaggi e le situazioni richiedono molto più spazio, non vogliono stare nei confini limitati di una narrazione breve. Quindi bisognerà decidere se cancellare alcune parti della storia o se cancellare le proprie ferie e iniziare a scrivere un romanzo. Alcuni scrittori scelgono una di queste forme e non se ne staccano mentre altri passano indifferentemente da una all'altra.

NARRATIVA LETTERARIA E DI GENERE

La narrativa può anche essere suddivisa in due tipologie: "narrativa letteraria" e "narrativa di genere".
La narrativa letteraria comprende quelle storie che hanno l'aspirazione di essere considerate forme di "arte". La maggior parte di queste storie si rivolgono a una sorta di élite di lettori, specialmente nel caso dei racconti. La narrativa di genere comprende invece storie che appartengono ai generi popolari come mistery, thriller, horror, fantasy, fantascienza, western e storie d'amore, e che spesso sono pensate per un pubblico più vasto (in qualche caso si usa il termine "mainstream", che si riferisce a quella narrativa letteraria che ha un largo successo commerciale).
Questa distinzione basilare sembra dire che la narrativa di genere è divertente, popolare e meno importante di quella letteraria, che a sua volta tenta di essere profonda e di raggiungere scopi artistici. C'è del vero in questo concetto. Molti scrittori di genere ammettono con orgoglio che il loro primo scopo è intrattenere il lettore. Molti scrittori di narrativa letteraria affermano che stanno cercando di affrontare qualche problema della condizione umana. Questi tipi di narrativa sono ugualmente validi, come dimostrano le quantità di lettori in entrambi i campi.
Non c'è nulla di male in questa suddivisione, alcuni preferiscono la prosa complessa di Amy Tan, vincitrice di premi letterari, e altri prediligono i racconti del terrore di Stephen King, il padre degli scrittori di genere, mentre altri ancora amano entrambi i generi.
L'importante è capire che scrittori di genere e scrittori letterari possono imparare molto gli uni dagli altri. Un'opera letteraria dovrebbe spingere i lettori ad andare avanti pagina dopo pagina, mentre un'opera di genere sarà più appassionante se ha qualcosa di profondo da dire.
Questo libro parlerà prevalentemente di narrativa letteraria ma, come accade nelle classi del GWW, gli insegnamenti sono validi anche per la narrativa di genere.

UNIRE INTRATTENIMENTO E SIGNIFICATO

Se si guarda alle grandi opere letterarie nel corso degli anni, si noterà che queste storie hanno soddisfatto il doppio bisogno di intrattenimento e significato. Pochi esempi degli ultimi due secoli:

Orgoglio e pregiudizio di Jane Austen (1813)
Come in una favola, si sviluppa la storia d'amore tra Elizabeth e Darcy, ravvivata dalla contrapposizione tra due personalità magnetiche. La dura realtà si fa largo sotto forma di pettegolezzi, sospetti, soldi e intromissioni. Passo dopo passo, questo balletto sentimentale è descritto con tale spirito e precisione che il libro potrebbe sembrare un manuale d'amore. Infine l'amore trionfa, e il lettore è felice che Elizabeth e Darcy vivano felici.

Il Cuore rivelatore di Edgar Allan Poe (1843)
Tutto a un tratto, siamo catturati da un incubo. Intrappolati in una casa in compagnia di un vecchio con l'occhio di un avvoltoio, che ci porta al delitto contro la nostra volontà. Che ci fa parlare con un poliziotto mentre il battito del cuore aumenta, aumenta, aumenta senza mai rallentare. Sudiamo freddo per un terrore reso ancora più agghiacciante dal fatto che il male è proprio nella nostra mente. È uno dei racconti più spaventosi mai scritti, ed è amatissimo dai bambini.

Le Avventure di Huckleberry Finn di Mark Twain (1884)
La caratteristica più avvincente (e rivoluzionaria) di questo libro è il fatto di essere narrato in modo credibile dalla voce di un ragazzo dei boschi privo di istruzione. Non era possibile usare il dialetto e un lessico sgrammaticato prima che Twain lo scrivesse. Che gioia discendere le rapide del Mississippi con Huck e il suo compagno Jim, uno schiavo in fuga, e guardarli mentre si cacciano in ogni tipo di guaio, alcuni divertenti, altri più seri. Inoltre viaggiamo anche nel lato meno nobile della natura umana, guardando tutto attraverso gli occhi innocenti di Huck.

La signora con il cagnolino di Anton Cechov (1899)
Un moscovita annoiato inizia una storia d'amore con una giovane donna in un luogo di mare. Entrambi sono sposati e la storia sembra destinata a finire. Tuttavia, per la prima volta, l'uomo capisce di essere veramente innamorato. È la storia di un adulterio raccontata in tonalità di grigio. Nessuno indossa la lettera scarlatta come nel romanzo di Hawthorne o si suicida buttandosi sotto un treno come in Anna Karenina, vediamo invece il tranquillo desiderio e l'incertezza del cuore umano, e mentre aspettiamo di vedere la fine, la suspense riesce a sopraffarci.

Il grande Gatsby di F. Scott Fitzgerald (1925)
In primo luogo c'è il piacere di passare l'estate nell'élite di Long Island, partecipando a feste sontuose, ascoltando jazz al tramonto. Poi, come Nick, il narratore, ci interroghiamo su quest'uomo, Gatsby. Chi è? Da dove viene? Cosa desidera davvero l'elusiva Daisy, quel tipo di eleganza che i soldi non possono comprare, o semplicemente il sogno di una vita? Come un diamante tagliato perfettamente, ogni sfaccettatura affascina e ipnotizza e riflette cose diverse a seconda di chi lo osserva. Ed è bello ricordare che i ricchi non sono sempre felici.

Cent'anni di solitudine di Gabriel García Márquez (1967)
La saga parla di una sola famiglia in una sola cittadina in un solo secolo, ma l'intera storia sembra avvolta in un flusso di passioni, drammi, assurdità e miracoli. La cittadina latino-americana inizia come un Eden, ma presto è sopraffatta dagli affari, dalla politica, dalla guerra, e da un pantano di scandali che farebbero impallidire una soap opera. Un'opera che mostra tutti gli aspetti del nostro mondo.

Queste storie abbinano intrattenimento e significato in maniera così perfetta che è impossibile separare questi due aspetti.
Non sforzatevi di scrivere un classico, è un modo sicuro per soffocare la vostra creatività, ma cercate, come hanno fatto questi scrittori, di togliere il fiato ai vostri lettori quando girano le pagine e poi date loro qualcosa che rimanga anche dopo aver finito di leggere l'ultima parola. Non è quello che vorremmo leggere?

Esercizio. Scegliete un'opera di narrativa che vi piace particolarmente. In una sola frase, provate a spiegare la ragione per cui amate leggerla. Poi fate una lista dei vari modi in cui pensate che l'autore abbia ottenuto questo effetto. Queste ragioni non devono utilizzare termini tecnici e devono avere senso solo per voi. State semplicemente provando a raggiungere le sorgenti della magia.

TROVARE I SEMI

Tutto comincia con un'idea. Le idee sono i semi da cui l'albero della storia potrà crescere. Non ci sono regole su come trovare un seme: può scaturire da un personaggio, un nome, una situazione, un dialogo ascoltato per caso, un luogo, anche solo un vago sentimento.
Passeggiando in un angolo oscuro della cattedrale di Notre Dame, Victor Hugo notò la parola greca indicante il "Fato" incisa nella pietra. Immaginò che un'anima tormentata avesse inciso quella parola. Da questo seme è nata la monumentale opera *Il Gobbo di Notre Dame*.
Le idee sono ovunque. Lo scrittore di narrativa deve imparare a setacciare il mondo in cerca di semi.
Probabilmente il posto migliore in cui cercare l'ispirazione è la propria vita. Herman Melville trasse da lì il suo *Moby Dick* e Philip Roth ha tratto un'ispirazione senza fine dalla sua pazza famiglia di origine ebraica. Sicuramente anche voi avete molte cose da raccontare. Se pensate di no, provate a guardare bene. Ci sono centinaia di cose nella vostra vita, (relazioni, lavoro, hobby) che, se viste con profondità e curiosità, possono trasformarsi in ottime storie. Si tende a pensare che l'eccentrico e l'esotico siano l'ideale per scrivere storie, ma vale lo stesso anche per la normalità, soprattutto nella narrativa contemporanea, dove l'ordinario brilla come una ragnatela al sole (ho tratto ispirazione per questa immagine guardando fuori dalla finestra).
Anche le piccole cose della vita possono diventare una storia. Mettiamo il caso che il vostro computer abbia dei problemi e, orrore degli orrori,

dovete chiamare il supporto tecnico. La telefonata è un inferno, premete bottoni, attendete ore, provate a ragionare con una voce elettronica, provate a parlare con gli esperti.

Questa situazione può essere utile per una storia. Forse un personaggio deve mandare un'importantissima e-mail, una questione di vita o di morte, ma il messaggio non può essere ricevuto a causa dei problemi tecnici. O forse la frustrazione nell'attendere di parlare con il tecnico si somma a tutte le altre frustrazioni nella vita del personaggio causandogli una crisi di nervi. Anche le cose più normali possono diventare idee per una storia.

Pensate al vostro passato, alle cose che volevate, alle cose che avete dimenticato o perso.

Setacciate i vostri pensieri. Il cambiamento filosofico di Dostojevskij lo spinse a scrivere *Delitto e castigo* (e il suo soggiorno forzato in Siberia lo aiutò per l'ultima parte del libro). Cosa amate? Cosa odiate? Stilando una lista di risposte a queste domande avrete una buona raccolta di cose che vi interessano.

Ma l'intera storia non deve riguardare voi, e forse neanche una sola parte della storia. Non siate troppo egocentrici con le vostre idee: un bravo scrittore deve osservare le cose all'esterno e, come disse Henry James, sviluppare «il potere di intuire le cose nascoste alla vista». Studiate le altre persone e immaginate chi sono realmente e come sarebbe camminare nelle loro scarpe, se sono scarpe sportive oppure calzature ortopediche.

Uno dei piaceri nella lettura è l'opportunità di guardare il lato segreto delle vite degli altri, delle persone nell'auto a fianco o alla cassa o sullo schermo televisivo, persone mai conosciute. È un po' come spiare qualcuno che si spoglia o origliare una conversazione tra due innamorati al ristorante. Se queste visioni sono attraenti o sconvolgenti, procurano un certo piacere voyeuristico.

A un livello più profondo, è molto piacevole vedere che le altre persone sono sperdute e problematiche proprio come noi. In un certo senso, la narrativa è l'affermazione che non siamo soli.

Questo è uno dei vantaggi dell'essere scrittori: i vostri sensi si svilupperanno, il mondo attorno a voi diventerà più vivo, multidimensionale e ricco di significati.

Sentitevi liberi di cercare i semi anche lontano da casa. Potete leggere il giornale ogni giorno e troverete una moltitudine di semi per una storia. Lo faccio anch'io.

Sulla prima pagina c'è un articolo su un tizio che ha dipinto dei quadri raffiguranti cani, il più famoso dei quali mostra un cagnolino che gioca a carte. Quest'uomo ha raggiunto un successo ben poco ragguardevole, ma molte persone conoscono i suoi quadri e non conoscono le opere di Cézanne e Van Gogh. Di certo c'è una storia da raccontare in tutto questo.

Altrove. Una giostra difettosa ha lasciato diciassette persone sospese nel vuoto. Un insegnante supplente ha aggredito i suoi alunni con una scopa. Dai necrologi ricaviamo che un morto apparteneva contemporaneamente a cinque country club. Storie, storie, storie.

C'è una vecchia massima: «Parlate di ciò che conoscete». È una frase meritoria, ma non del tutto corretta. Se volete scrivere a proposito di una famosa modella che aiuta un pinguino zoppo durante un servizio fotografico al Polo Sud, fatelo, anche se non c'entra niente con la vostra vita. Dovreste fare qualche ricerca su modelle, pinguini e Polo Sud, ma potrebbe essere intrigante. E sono certo che, anche se scrivete di cose totalmente estranee alla vostra vita, in qualche modo parlerete comunque di qualcosa che conoscete. Lo stile, le emozioni, le sensazioni saranno vostre. La massima corretta dovrebbe dire così: «Parlate di ciò che vi interessa».

Non lasciatevi sfuggire i semi più sorprendenti. Jess How, insegnante del GWW, si era in qualche modo appassionato al concetto di ecolocazione, la tecnica ad ultrasuoni usata dai pipistrelli per orientarsi. Benché non conoscesse molto sulla ecolocazione, gli piaceva l'idea e iniziò a immaginare una donna che credeva di avere questo potere, che usava per seguire lo spirito di sua madre scomparsa. Seguendo questa idea bizzarra, Jess ha scritto il noto racconto *Il segreto dei pipistrelli*.

La storia è una fonte inesauribile di idee. *I figli della mezzanotte* di Salman Rushdie è ispirato dalla storia contemporanea dell'India, con il protagonista che nasce nel momento dell'indipendenza dal colonialismo. Così, oltre a studiare il mondo che ci circonda in senso letterale, bisogna sentirsi liberi di studiare e comprendere il mondo che ci circonda in senso più ampio, anche se questo ci porta in altre epoche o in altri universi.

Esercizio. Scrivete dieci cose che potrebbero servire come fonte di ispirazione, pensando alle cose accadute la scorsa settimana – persone, emozioni, pensieri, situazioni: niente è troppo grande o troppo piccolo. Poi osservate la lista e scegliete l'idea che sembra più promettente. L'idea giusta probabilmente si farà notare da sé. Successivamente elencate diversi modi in cui questa idea può essere trasformata in una storia. L'idea diventerà una bella storia? Forse, o forse no, ma probabilmente in questo modo scoprirete quanto possono essere proficue le idee.

Una volta che si è "assorbito" il mondo, come dovrebbe fare ogni scrittore, il vostro problema passerà da "Non ho buone idee" a "Ho così tante buone idee che non vivrò abbastanza per scriverle tutte". Per uno scrittore questo è un problema meraviglioso.

Come farete a sapere qual è la grande idea, quella che vale la pena di seguire? In qualche modo lo capirete. Gli abitanti di New York sanno che se in metropolitana si siedono di fronte a un individuo strano e vestito male, che è chiaramente fuori di sé, devono evitare di guardarlo negli occhi, altrimenti costui si sentirà autorizzato a cominciare a parlare dell'Apocalisse imminente o di chissà cosa, e la conversazione continuerà imperterrita per un'eternità. Ecco, le idee sono come questo tizio. Quando l'idea giusta entra nella vostra testa prima o poi si farà sentire. Potete accorgervi subito della sua presenza oppure impiegare un po' di tempo, ma saprete comunque che la buona idea è arrivata.

Tenete bene a mente, comunque, che la buona idea da sola non vi dà l'intera storia. Un'opera di narrativa è un'insieme di buone idee. Una singola parola può aver ispirato *Il gobbo di Notre Dame*, ma Hugo è riuscito a scrivere oltre cinquecento pagine partendo da questo seme. Ha sviluppato l'idea di un gobbo nobile, di una zingara con una capra danzante, della Corte dei Miracoli, una folla che prende d'assalto le mura della cattedrale, e molte altre cose abilmente inserite in un mosaico colorato ma uniforme.

Prima che me ne dimentichi, voglio ricordarvi di prendere nota delle vostre idee. Molti scrittori non escono senza un bloc-notes. La buona idea può rimanervi accanto, ma una volta che le idee inizieranno a scoppiarvi nella testa come pop-corn non sarà possibile ricordarle tutte.

Però, fate attenzione: i semi che cogliete dal mondo sono, appunto, solo semi. Una volta piantati i semi nel suolo di una storia, lasciateli crescere e diventare narrativa. Non rinchiudete la vostra storia nei confini delle cose "come sono". La scrittura creativa permette di rendere le storie più belle della vita reale, anche quando la storia sembra perfettamente "reale". Spesso gli scrittori alle prime armi si attengono troppo rigidamente ai fatti e inevitabilmente le loro storie sembrano piatte.

Il racconto di Lorrie Moore *People like that are the only people here* è una storia quasi autobiografica di una madre che assiste il figlio gravemente malato. L'idea di base, ispirata alla vita reale, è certamente emozionante, ma Moore ha scelto di "narrativizzare" la storia (anche grazie al fatto che il protagonista è uno scrittore) in modo tale da rendere ancora più forte l'impatto della vicenda. Se non lo avesse fatto, la storia non avrebbe avuto la stessa suspense, la stessa ironia (sì, ironia) che la rendono così riuscita.

Lo scrittore deve irrigare il suolo con l'immaginazione finché la storia non ha raggiunto il massimo splendore come intrattenimento e/o significato. Lo scopo è scrivere una storia che possa essere letta da un perfetto estraneo (anche se molti scrittori raffigurano qualcuno che conoscono come il perfetto estraneo). Quando legge la vostra opera, all'estraneo non interessa nulla della vostra vita o dei vostri pensieri. Tutti i lettori cercano una bella storia ben raccontata.

State forse sacrificando l'onestà? No. Avvolgere la realtà nella fantasia non vuol dire mentire. Piuttosto, vuol dire abbellire la vostra idea. La vita è una nebbia in cui è difficile mettere a fuoco qualcosa. Nell'arte si vede tutto chiaramente.

Ipotesi n. 1: Torniamo alla domanda iniziale. Forse è questa la grande ragione per cui si scrive narrativa, per capire il mondo e noi stessi. Lo scrittore prende un frammento di realtà e lo esamina in diversi modi finché non riesce a dargli senso. Messe a fuoco tramite la lente della narrativa, le verità vengono alla luce. Il caos lascia il posto all'ordine.
È una buona risposta, ma non è completa. Se la narrativa fosse un metodo per dare senso alle cose, come mai sono più confuso, ad esempio, di mia sorella, che vive in soddisfatta beatitudine e non ha mai scritto una riga in vita sua? Ci deve essere una ragione migliore, forse un equivalente della massima cartesiana "Cogito, ergo sum". Per scoprirlo bisogna continuare ad analizzare il processo creativo.

PREPARARSI AL LAVORO

Prima o dopo, molti di noi pensano di avere una storia da raccontare. Come già detto, le idee sono piuttosto facili ed economiche, ma poche persone riescono davvero a mettere la storia su carta, e ancora meno riescono a sopravvivere alle brutte copie, e pochissimi arrivano a scrivere numerose storie.
Perché un'opera di narrativa sia buona, bisogna lavorarci molto. Se volete davvero fare lo scrittore e dovendo scegliere se essere brillanti e pigri o essere un po' disordinati ma pieni di entusiasmo, scegliete quest'ultima opzione. Certo, la creatività, il talento e l'ispirazione sono sicuramente importanti, ma il lavoro viene fuori se c'è davvero voglia di lavorare.
Il modo migliore per scrivere bene è scrivere, scrivere e scrivere. Non potrete che migliorare. Guardate un ragazzo che gioca a un videogame che richiede riflessi pronti. Non sarà mai campione di quel gioco se non perderà ore a giocarci. Andate al lago e provate a tirare sassi sull'acqua per qualche ora. Sicuramente la vostra abilità aumenterà. La pratica è ciò che fa la differenza tra il peggiore scrittore mai esistito e uno che occasionalmente scrive qualcosa degno di essere letto, e molti grandi scrittori che ho avuto il piacere di conoscere sono dello stesso avviso.
I vostri miglioramenti saranno così graduali che forse non li noterete neanche. Ma un bel giorno, dopo mesi o anni, *voilà*, arriva il momento in cui sembra che scatti un interruttore, che trasforma il cattivo in buono. Istintivamente saprete dove svoltare e come affrontare le curve e quando rallentare o accelerare. La lunga attesa avrà dato i suoi frutti.
Se siete veramente decisi a scrivere, dovreste stabilire dei precisi tempi di scrittura, preferibilmente più giorni la settimana. Alcuni scrittori preferiscono le prime ore della mattina, altri il tramonto. Trovate il momento in cui vi sentite più liberi e ispirati.
Sforzatevi di rispettare l'orario che avete scelto, applicarsi in questa fase è ancora più importante che scrivere qualcosa di meraviglioso.

Inoltre, se lavorate per cinque ore e alla fine non avete scritto una riga, avete comunque fatto il vostro dovere: la scrittura creativa non è un lavoro come gli altri. Se invece intendete scrivere ogni giorno, vorrà dire che avete sviluppato una disciplina che sarà la vostra arma più forte. Alcuni scrittori misurano il loro tempo in pagine anziché in ore, ma per i primi tempi è meglio non sottoporsi a questa pressione.
Trovate un posto confortevole. Non preoccupatevi se non avete uno studio che si affaccia sulle coste del Maine. Una parte della vostra tana, o anche il vostro stesso letto possono andare bene. Molti scrittori cercano la solitudine, ma altri preferiscono i luoghi pubblici. Conosco uno scrittore che usa il tavolo di una piccola caffetteria come ufficio. Lavora lì tutto il giorno tutti i giorni, e riceve anche visite.
Regolarità e un buon posto per scrivere, a detta di molti, sono elementi fondamentali. Tuttavia Joyce Carol Oates garantisce di non avere abitudini regolari per la scrittura, eppure ha scritto più di chiunque altro. Perciò il vero trucco è di trovare ciò che è meglio per voi.

Esercizio. Programmate un piano di lavoro di una settimana, con almeno cinque ore di scrittura, con sessioni che durino almeno un'ora ciascuna. Lavorate su un'opera di narrativa per tutta la settimana (se avete già una storia in corso usate quella, se invece necessitate di un'idea, ne troverete in abbondanza negli esercizi di questo libro). L'obiettivo non è di scrivere un capolavoro, quindi non badate troppo al risultato. Alla fine della settimana, analizzate se il piano è servito. Se il piano ha bisogno di qualche aggiustamento, aggiustatelo. Se la vostra disciplina ha bisogno di revisione, revisionatela.

Ci sono due tipi di tempo da dedicare alla scrittura, li definisco tempo "duro" e tempo "morbido".
Il tempo "duro" è dedicato a quello che normalmente si definisce "scrivere", al computer, su un quaderno: la fase pratica.
Il tempo "morbido" è quello in cui non si scrive ma si progetta il lavoro. Questo può succedere dovunque e in ogni momento, portando a spasso il cane, facendo la spesa, perdendo soldi al casinò. La progettazione è la parte più importante del lavoro, ed è una delle cose più belle dell'essere scrittori.
Quando ho iniziato a scrivere, ero solito fissare la pagina bianca fino a farmi sanguinare le meningi, tanto per usare una metafora trita e ritrita. Pensavo che fosse ciò che facevano i veri scrittori. Era una tortura, ma ci ricavavo un certo piacere masochistico. Quando ho cominciato a scrivere per lavoro e a migliorare, la mia tecnica è cambiata, ho cominciato a dedicare molto tempo alla progettazione nella prima parte del lavoro, lasciando che la mia mente vagasse dove voleva. Ho capito che avrei dovuto fare delle ricerche sul campo, o parlare ad altre persone della mia idea, o avrei dovuto anche solo riflettere, prendere appunti e magari iniziare a scrivere qualche riga qua e là. In questo modo, avevo

molte idee per la storia. Solo successivamente mi dedicavo alla scrittura vera a propria. In questo modo il lavoro era relativamente facile, e non avevo più bisogno di farmi sanguinare le meningi.
Il tempo "morbido" è molto utile per superare i momenti di stasi. Quando non sapete come risolvere la vostra storia, o come descrivere il misterioso nuovo personaggio, non preoccupatevi. Fate qualcos'altro, relegando il problema in qualche angolo della vostra mente. Oppure staccate completamente la spina dal lavoro, lasciate che sia la soluzione a trovare voi.
Forse il miglior tempo "morbido" è quello passato la sera a letto. Quando siete nel dormiveglia, lasciate la vostra mente libera di giocare con le vostre storie. Il momento del relax è il migliore per creare nuove idee. Tenete un taccuino e una penna sul comodino, e prendete nota di queste idee prima che il sonno e i sogni le cancellino. Ricordatevi però che ci sono due tipi di scrittori in ognuno di noi. C'è lo Spirito libero, che indossa camicie a fiori e non ferma i ragazzi che imbrattano i muri. Lo Spirito libero scrive quando e cosa vuole, e non gli interessa quello che pensano gli altri.
Poi c'è l'Editor severo, che veste in maniera impeccabile, non autorizza una sola parola che non sia necessaria ed è un fanatico di logica e grammatica (è quasi il ritratto di Peter Selgin, che ha curato il capitolo sulla Revisione).
Entrambi sono fondamentali per scrivere bene, ma è meglio tenerli separati.
Nei primi passi, lasciate l'Editor severo fuori dalla porta e fate regnare lo Spirito libero nel caos. Il lavoro sarà frammentario e incoerente, ma ciò vi permetterà di andare in profondità, dove i vostri pensieri sono saggi e ingenui allo stesso tempo. Andate avanti per tutto il tempo che volete finché la penna non si stacca dal foglio, o le vostre dita non lasciano la tastiera. Lo Spirito Libero ama la libertà. È un ottimo inizio quando non sapete cosa scrivere. Presto o tardi, qualcosa di buono verrà fuori.

Esercizio. Prendete questo incipit: «Sam non sapeva se fosse un buon segno o l'inizio di una catastrofe, ma di sicuro sapeva...». Scrivete questo inizio e poi andate avanti. Scrivete liberamente, senza fermarvi e senza pensarci troppo. Proseguite per almeno cinque minuti, ma potete andare avanti per tutto il tempo che volete. Nessuno dovrà leggere ciò che scriverete, perciò non preoccupatevi che tutto abbia un senso. L'importante è capire cosa significa scrivere senza nessuna costrizione.

A un certo punto, forse nel momento in cui avete terminato la prima stesura, manderete lo Spirito libero a prendersi un tè alle erbe e farete entrare l'Editor severo, con il suo corredo di matite perfettamente temperate. Sicuramente taglierà, correggerà, modificherà e risponderà a molte domande complicate, ma attenzione, i vostri futuri lettori saranno in un certo senso molto simili a lui. Successivamente, potrete alternare queste due parti della psiche, lasciando che entrambi dicano la loro. Verso la fine del lavoro, sottomettetevi totalmente all'Editor severo e alle sue ferree leggi, mentre lo Spirito libero se ne va a passeggio, magari per sviluppare un'altra buona idea.

Ipotesi n. 2: Forse la risposta è qui. Forse la scrittura creativa è affine a quelle sfide personali come giocare a golf, scalare una montagna, fare cruciverba o costruire navi dentro le bottiglie. Sono cose che danno soddisfazione per la loro difficoltà, e permettono al nostro potenziale di esprimersi. Scrivere è una delle più belle sfide perché le possibilità di esprimersi sono infinite e non si è mai troppo giovani o troppo vecchi per farlo.

Può essere questo il vero motivo per cui vogliamo scrivere narrativa? Forse no. Conosco molti scrittori che dicono di amare molto più ciò che hanno scritto rispetto a ciò che scrivono nel presente. Quindi la nostra risposta non è valida del tutto, bisogna andare avanti.

L'IMPORTANZA DEL MESTIERE

Vediamo a che punto siamo del processo creativo. Idea promettente + duro lavoro = buon risultato. Non del tutto, manca ancora qualcosa.

Per raccontare davvero una storia, avrete bisogno di una buona dose di *mestiere*. Per mestiere intendiamo la pratica che scaturisce dal lungo esercitarsi nella costruzione di una buona storia.

La buona scrittura dipende dal mestiere molto più di quanto si pensi. Certo, ognuno può scrivere una storia senza preparazione specifica, è ciò che separa la scrittura creativa da altre attività come la chirurgia cardiaca o la guida di un elicottero.

Ma una buona dose di abilità e mestiere è quasi sempre indispensabile per realizzare una storia veramente buona, degna di essere letta. Potete costruire una sedia senza nessuna conoscenza di falegnameria solo perché sapete com'è fatta una sedia. Potete tagliare il legno e montare i pezzi, e quasi sicuramente avrete una sedia, ma probabilmente sarà traballante, sgraziata e destinata a rompersi presto. Certamente non riuscirete a venderla. La stessa cosa vale per la narrativa.

Il mestiere, come la tecnica, si può imparare con il duro lavoro. Le "regole" della tecnica narrativa non sono state create da nessuno in particolare, semplicemente si sono sviluppate nel tempo come principi-guida che hanno rafforzato la scrittura creativa, un po' come le regole di incastro e assemblaggio hanno migliorato il modo di costruire le sedie.

Innanzitutto dovete imparate che è meglio mostrare le caratteristiche di un personaggio piuttosto che dirle ("Show, don't tell", è una specie di mantra della narrativa, un po' come "Misura due volte, taglia una volta sola" lo è per i falegnami).

Perciò tornate alla storia che state scrivendo, cancellate la frase "Kathy era una donna disonesta" e inseritе al suo posto una scena in cui mostrate Kathy che fa qualcosa di disonesto. Ad esempio Kathy si accorge che la giované cassiera le ha dato dieci dollari in più di resto e fa finta di niente.

Più la disonestà verrà mostrata in modo drammatico, più sarà memorabile perché farà sembrare Kathy una persona reale. Se la sua disonestà emergerà più avanti nel corso della storia, ci prepareremo meglio. In questo modo non avete accresciuto il vostro talento, ma avrete appreso un po' di mestiere. Che è ciò che fa la differenza.

Oltre ad aiutare a migliorare la qualità della scrittura, la tecnica può rendere la scrittura più facile. Quando si lavora con tecnica, non si vaga alla ricerca di qualcosa di buono, ma si mette a frutto la propria competenza senza perdere tempo a giocare con i tasti del computer.

Mi sembra di sentire i pensieri di molti di voi. Non volete seguire questi percorsi, siete ribelli, volete battere nuove strade, magari scrivendo con l'inchiostro rosso. Buon per voi, ma sappiate una cosa: potete infrangere le regole solo se le conoscete bene. Prendiamo il caso di Frank Lloyd Wright: ha reinventato l'architettura, creando edifici e spazi che sembrano emergere dalla natura come mai si era visto prima. Eppure conosceva i principi strutturali dell'architettura meglio di chiunque altro, ed è questo uno dei motivi per cui il suo Imperial Hotel di Tokyo è stato uno dei pochi palazzi a resistere al grande terremoto del 1923.

Le regole sono fatte per essere infrante. Se seguite troppo scrupolosamente le regole della tecnica, probabilmente vi ritroverete con un buon compitino, ma non con una vibrante opera d'arte. I grandi scrittori infrangono poche regole, e più grande è lo scrittore maggiori sono le trasgressioni. James Joyce aprì i rubinetti della mente umana, lasciando che la prosa scorresse come mai era accaduto. Ernest Hemingway eliminò tutto ciò che chiamava gli "escrementi" della prosa, rendendola più semplice e lineare di quanto si pensava fosse accettabile. Questo manuale si occuperà molto della tecnica. Dopo averlo letto una o due volte (e avere fatto i relativi esercizi), conoscerete approfonditamente tutti gli elementi della tecnica che servono per la narrativa. Sono facili da apprendere, e potete passare anche tutta la vita a manipolarli in modo da raggiungere uno stile che vi soddisfi. E questo libro non è il solo luogo dove apprendere le nozioni di tecnica.

Fino agli anni '20 non c'erano molti buoni manuali che insegnassero la tecnica della narrativa, e non c'erano programmi educativi per la scrittura creativa. E allora come hanno fatto James Joyce, Thomas Mann, F. Scott Fitzgerald, Ernest Hemingway e Gertrude Stein ad apprendere le nozioni di tecnica? Leggendo. Loro leggevano tantissimo, e analizzavano minuziosamente ciò che leggevano. E discutevano con gli altri scrittori, che è sempre una buona cosa da fare.

I pittori spesso imparano la tecnica studiando le opere dei maestri, e gli scrittori dovrebbero fare lo stesso. Se volete vedere come impregnare una storia con la sporcizia e la disperazione, leggete *L'urlo e il furo-*

re di William Faulkner. Se volete vedere come si manipola la percezione attraverso l'uso dei punti di vista, leggete *Giro di vite* di Henry James. Se volete vedere come inserire la vita quotidiana in una trama, leggete *Cattedrale* di Raymond Carver.
Leggete molto. Non c'è un racconto o un romanzo da cui non possiate imparare qualcosa di utile. Dovreste leggere qualcosa dei cosiddetti "grandi scrittori", ma se vi va non esitate a studiare anche quegli scrittori minori che fanno sogghignare i professori di letteratura. Forse Mickey Spillane, il creatore della serie di gialli di Mike Hammer, non possedeva la tecnica e la maestria di Edith Warton, ma sicuramente conosceva molti trucchi del mestiere.
Se leggete una storia che vi lascia perplessi, chiedetevi il perché. Cosa manca? La trama non è abbastanza plausibile? I dialoghi sono troppo innaturali? I personaggi non funzionano? Spesso potete imparare molto da una storia che non vi piace. E a volte è piacevole sentirsi annoiati da un'opera che molti considerano la più grande storia mai scritta.
Fidatevi del vostro gusto personale. Duke Ellington disse a proposito della musica: «Se suona bene, vuol dire che va bene». Voi dovreste scrivere ciò che vi piace leggere, e provare a utilizzare qualche tecnica che può venirvi in aiuto. Seguire il proprio gusto è un ottimo modo per far emergere il proprio vero stile.

Esercizio. Ritornate all'opera che avete eletto come vostra preferita e scegliete un passaggio che vi piace particolarmente. Scrivete su una pagina questo passaggio, in modo da poter "sentire" cosa si prova a mettere insieme le parole di quel brano. In questo modo potrete capire *come* l'autore lo ha fatto. Infine vedrete che tutti hanno lo stesso metodo: scrivono una parola alla volta.

Una volta affinata la propria tecnica, si può capire bene il comportamento degli scrittori che ammirate maggiormente, e sarà più facile incuriosire i vostri eventuali lettori. Dal nulla – letteralmente – creerete storie che attraggono, tormentano, intrigano, informano, intrattengono e in certi casi arrivano a *cambiare* i lettori. Solo con le parole. Le vostre parole.

Ipotesi n. 3: Forse è questa la vera ragione per cui scriviamo. La soddisfazione di creare qualcosa che pensiamo possa catturare legioni di lettori, rendendoci simili a Sherazade che, nel corso di mille e una notte, trasformò il suo assassino nel suo sposo grazie alla semplice ipnosi di una storia ben raccontata. E chissà quali piaceri possono arrivare: prestigio, ammirazione, fama, denaro, rispetto. E adesso che stiamo affrontando l'aspetto più egoistico, ricordiamoci che la grande narrativa può renderci immortali.

Capitolo secondo

PERSONAGGI: CONTRASTO E COERENZA

di Brandi Reissenweber

Quando insegnavo scrittura creativa nel reparto di pediatria di un ospedale, mi capitò di incontrare una paziente a lunga degenza, una tredicenne che dall'età di due anni non aveva fatto altro che entrare e uscire dagli ospedali. Era una bambina perspicace e spiritosa, ma non voleva scrivere con me. Mi guardava dall'angolo di una stanza dell'ospedale mentre scrivevo con altri ragazzi, ma ogni volta che tentavo di coinvolgerla mi mandava via, dicendo che l'ospedale, dopo tutto, non era una scuola.

Un giorno, la sorpresi a leggere un libro. Mi sedetti accanto a lei e le chiesi se voleva leggere ad alta voce per me, e lei accettò. Quel pomeriggio capii che amava leggere libri, e parlammo delle sue storie preferite. Pensando che fosse una domanda semplice, le chiesi perché le piacesse leggere. Lei mi guardò, grattandosi la testa, poi aprì di nuovo il libro e ricominciò a leggere. Dopo un po' mi guardò e disse: «Perché posso incontrare tante persone diverse».

Alla fine scrivemmo una storia insieme. Era fantastica e piena dei personaggi che lei avrebbe voluto avere attorno: quelli che potevano volare, alieni che volevano esserle amici, persone antipatiche, simpatiche e coraggiose, proprio come lei. Ma quello che mi è rimasto impresso maggiormente è stata la sua risposta alla mia domanda, il fatto che lei leggesse per incontrare persone. Quella risposta a ciò che pensavo fosse una domanda banale tocca il cuore della narrativa.

Quando leggiamo una storia non possiamo fare a meno di incontrare persone. I personaggi sono il fulcro di una storia e interagiscono con tutti gli altri elementi della narrativa, influenzandoli. I personaggi guidano la storia, portano il lettore dalla prima all'ultima pagina. Cosa sarebbe *Il grande Gatsby* di Fitzgerald senza il misterioso ed elegante Jay Gatsby?

I bravi scrittori rendono i loro personaggi persone reali, fisiche, viventi, pensanti. Più si riesce a creare l'illusione che i personaggi siano persone vere, più il lettore verrà catturato dalla storia e lascerà che il mondo fittizio sostituisca quello reale. Creare personaggi che sembrino pluridimensionali e verosimili richiede una certa maestria, ma con un po' di conoscenza e di tecnica è possibile farlo. Analizziamo le varie fasi.

IL BATTITO DEL DESIDERIO

Nel cuore di ogni personaggio verosimile batte un desiderio. Un personaggio deve volere qualcosa. Il desiderio è la forza che muove la natura umana e, applicato alla narrativa, è ciò che porta avanti una storia. Potete creare un personaggio con abitudini strampalate e di alto intelletto con buona predisposizione all'avventura, ma se tutto ciò che fa è starsene seduto in poltrona i vostri lettori si divertiranno di più a girarsi i pollici. Date a un personaggio il desiderio di viaggiare dalla Florida al Maine su una mongolfiera e la storia si metterà in moto, specialmente se questo personaggio non sa pilotare una mongolfiera.

Il desiderio di un personaggio può essere grande, illusorio o anche negativo, come il desiderio di solitudine, o la voglia di vendicare la morte di un figlio. Oppure il desiderio può essere più semplice: scappare dalla propria moglie, o far sbocciare le orchidee nel giardino. Non è importante che il desiderio sia grande o piccolo, ma è importante che sia forte. Un desiderio forte aiuta il lettore a identificarsi e a simpatizzare con il personaggio, mentre un personaggio senza desideri lo annoierà e lo porterà ad abbandonare la storia. Dopo tutto, per quale motivo il lettore dovrebbe interessarsi al desiderio di un personaggio se il personaggio stesso non ne è interessato?

Se ci si impegna a creare un personaggio principale con un forte desiderio, la storia crescerà in maniera organica attorno ad esso. In *Lolita* di Vladimir Nabokov, per esempio, il protagonista Humbert Humbert desidera le ninfette (il suo modo di definire le adolescenti), una categoria in cui Lolita regna sovrana. La storia si evolve man mano che cresce il desiderio di Humbert di possedere il corpo e l'affetto di Lolita. Se non avesse bramato Lolita con tale intensità, non ci sarebbe stata nessuna storia da raccontare.

Cosa succede quando i personaggi non hanno desideri? Una volta un mio studente ha scritto un racconto che parlava di due ragazzi che esplorano la grande villa della loro nonna. Il lettore seguiva i ragazzi su per scale pericolanti, nella soffitta umida, dentro una stanza segreta in cui trovano vecchie foto. Le descrizioni erano meravigliose, ma la storia non funzionava. Perché? Perché i personaggi non volevano niente. Erano soddisfatti di ciò che gli accadeva. Le descrizioni, non importa se brillanti o meno, non possono portare avanti una storia. Ciò di cui quella storia aveva bisogno era una forza che portasse avanti il lettore. Se i ragazzi si fossero trovati intrappolati in soffitta, al buio, si sarebbe creato un forte desiderio di fuggire che avrebbe portato alla storia tensione e interesse. Il motore di una storia non si accende finché i personaggi non hanno un desiderio.

I desideri, tuttavia, non sono sempre così diretti come in *Lolita*. In *Con così tanta acqua a due passi da casa* di Raymond Carver, per esempio, Claire cerca di comprendere la decisione del marito di continuare a

pescare anche dopo aver avvistato il cadavere di una giovane donna che galleggia sul fiume. Loro legano il corpo a un tronco per assicurarsi che non si allontani, e finché non trovano un telefono sulla strada di casa, continuano la loro gita senza avvertire la polizia.
La storia ruota attorno a Claire, che cerca di capire cosa è successo durante il viaggio, e perché suo marito si è comportato così. Il suo desiderio la porta a litigare con lui. Legge gli articoli sulla donna e partecipa al suo funerale. Poi comincia a dormire nella stanza degli ospiti e una notte viene svegliata da suo marito che rompe la serratura della camera da letto solo per dimostrare che può farlo. Il desiderio di Claire di comprendere la decisione del marito è complesso, ma ugualmente affascinante.

Esercizio. Pensate a un personaggio. Se è troppo vago, immaginate che sia un attore, un cantante, un mago o così via, che ha raggiunto la mezza età e si accorge che la sua fama si sta appannando. Oppure pensate a un genitore che ha problemi con un figlio, o viceversa. Poi pensate a un desiderio specifico per questo personaggio. Un desiderio forte. Fate in modo che sia qualcosa di concreto, soldi, carriera, la vicinanza di una persona, invece di un desiderio astratto come l'amore o la crescita personale. Una volta trovati il personaggio e il desiderio, provate a buttare giù una storia con questi elementi. Ci torneremo fra poco.

LA COMPLESSITÀ UMANA

In una storia, niente è meno appassionante di un personaggio che agisce in maniera prevedibile, come milioni di altri personaggi già visti, con una sola faccia: la nonna gentile, il custode sinistro, il paziente eroico. È facile cadere nella trappola perché è facile vedere le persone come "tipi". Ad esempio, pensiamo a un banchiere facoltoso: ve lo figurate vestito con abiti eleganti e con la fronte rugosa? Con tanti aggeggi elettronici come telefoni cellulari e computer palmari, e tanti soldi in tasca? È un buon modo per iniziare a tratteggiare questo personaggio, ma il vostro personaggio specifico deve trascendere da questo tipo. Richard, un banchiere, può avere soldi in eccesso e lavorare tanto, ma forse fa anche donazioni anonime. Di sera si ubriaca e prova a chiamare l'ultimo numero conosciuto di sua sorella, anche se sa che non vive più lì da almeno un anno.
Queste caratteristiche fanno di Richard un personaggio diverso da tutti gli altri, soprattutto non stereotipato. Quando si creano i personaggi bisogna esplorare i dettagli che li rendono complessi: non tipi ma persone reali. Noi portiamo sulle spalle le nostre storie, le nostre esperienze, i nostri ricordi, cose che ci rendono diversi l'uno dall'altro. Lo stesso deve valere per i personaggi.
Gli scrittori spesso cadono nella tentazione di creare personaggi che siano completamente buoni o completamente cattivi, e questa è un'altra versione degli stereotipi. A meno che non stiate scrivendo una

fiaba, è meglio evitare questi eccessi. Aristotele ha scritto che un personaggio deve essere uno «le cui sfortune sono causate da errori e fragilità». Sia che i vostri personaggi incontrino sfortune o no, i difetti li renderanno più interessanti e autentici.

Frankie Machine, il protagonista de *L'uomo dal braccio d'oro* di Nelson Algren, è un giocatore di carte nei locali di Chicago, ed è un personaggio positivo ma non certo esente da difetti. Il più evidente è la sua frenetica lotta contro la dipendenza dalla droga. Inoltre cerca sollievo in una relazione con Molly, mentre sua moglie è a casa, costretta su una sedia a rotelle. E Frankie pensa di lasciarla perché si sente colpevole dell'immobilità della moglie.

Questi personaggi che fondamentalmente non sono buoni devono essere mostrati con tutte le sfaccettature. I cattivi non sono cattivi ogni singolo minuto della loro vita. A volte fanno cose come mangiare cibo cinese, o portare la macchina all'autolavaggio, o addirittura possono aiutare un'anziana signora a raccogliere le mele che sono cadute dalla borsa della spesa.

Quando è stato pubblicato *Lolita* ci furono molte polemiche, e Nabokov passò molto tempo a spiegare che la sua conoscenza delle ninfette era puramente teorica, a differenza di Humbert Humbert che molesta le ragazzine. In *Lolita*, Nabokov commette uno degli atti più difficili per uno scrittore: rende verosimile l'umanità di un personaggio riprovevole. Humbert Humbert è uno dei personaggi più disgustosi che siano mai stati creati, e sarebbe stato facile mostrarlo solo in una luce negativa. Invece Nabokov gli attribuisce anche tratti positivi: fascino, decisione, intelligenza, una certa vergogna per la sua debolezza e, da ultimo, un vero amore per Lolita.

La letteratura è piena di grandi cattivi. Ciò che li rende così affascinanti è il fatto che possiamo vedere in loro qualcosa di noi. Di solito c'è qualcosa, molto piccolo, in cui il lettore può riconoscersi. In *Lolita*, il lettore riesce a rispecchiarsi nell'incapacità di Humbert Humbert di resistere a un desiderio anche se sa che è sbagliato. Anche se il desiderio di Humbert è estremo, l'idea di volere qualcosa che non si dovrebbe – sia esso il cibo grasso o le sigarette – è una caratteristica molto umana. Mostrando Humbert Humbert come qualcosa di più di un mostro, l'effetto dei suoi misfatti è molto più potente.

Esercizio. Pensate alla persona più cattiva che abbiate mai incontrato. Un capo psicopatico, un bullo di quartiere, un amico che vi ha tradito. Oppure create un personaggio con queste caratteristiche. Adesso assegnate alcune qualità positive a questo personaggio: gentilezza, simpatia, amore per gli animali. Poi scrivete un passaggio con questo personaggio in azione. Forse potrete mostrare un marito sadico che aiuta un mendicante a trovare rifugio, o un rapinatore che cerca una baby-sitter per fare un favore a una donna che ha appena preso in ostaggio. Il risultato? Un cattivo a tutto tondo.

Tratti contrastanti

Un elemento affascinante della natura umana è che noi tutti possediamo caratteristiche contrastanti, a volte sottili, altre volte molto conflittuali. Questi contrasti forniscono infinite opportunità di rendere complesso un personaggio.

Lo vediamo chiaramente nel racconto *Dove vai? Dove sei stata?* di Oates, dove Connie si comporta in un modo con la famiglia e in un altro quando esce con gli amici:

> Ogni cosa che la riguardava aveva due aspetti, uno per la casa e uno per tutti gli altri luoghi: il suo modo di camminare poteva essere infantile e ancheggiante, o talmente languido che tutti gli altri pensavano che stesse ascoltando musica, le sue labbra erano pallide e sorridenti per buona parte del tempo, ma diventavano rosa nelle serate fuori casa, la sua risata era cinica e svogliata a casa – «Ha ha, molto divertente» – ma sonora e nervosa in tutti gli altri luoghi, come il tintinnio dei ciondoli del suo braccialetto.

Questo contrasto nelle azioni di Connie aiuta a rivelare la complessità del suo carattere, a mostrare la lotta delle sue due identità – una ragazzina che presto diventerà una donna.

Potete immaginare le qualità contrastanti come luoghi dove la caratterizzazione è inaspettata o non completamente definita. Un coraggioso liceale che combatte eroicamente contro la leucemia non deve essere codardo per poter esibire tratti contrastanti: è preferibile una caratterizzazione più sottile. Ad esempio, potrebbe guidare imprudentemente mentre suo fratello piccolo è seduto al suo fianco, oppure potrebbe tradire la fiducia di un amico. Queste scelte aggiungerebbero complessità al personaggio senza essere troppo prevedibili.

I migliori contrasti non devono apparire posticci: devono invece trasparire dalla caratterizzazione.

Esercizio. Ritornate al personaggio per cui avete creato un desiderio. Adesso date a questa persona due tratti contrastanti. Mettiamo il caso che abbiate scelto un'attrice che spera di vincere un'audizione. Forse è molto amata dal pubblico ma diventa una strega se si sente disprezzata da qualcuno. Abbozzate i tratti contrastanti. Torneremo da questo personaggio fra poco.

Coerenza

A meno che il vostro personaggio non beva una specie di pozione del Dr. Jekyll e Mr. Hyde, non deve comportarsi in un modo per buona parte della storia e poi cambiare bruscamente alla fine. Tutte le azioni e i comportamenti devono sembrare autentici e veri, aderenti alle caratteristiche che avete stabilito. I tratti contrastanti sono importanti, ma la caratterizzazione deve essere coerente. Mi rendo conto che può sembrare una contraddizione: i nostri personaggi devono avere qualità contrastanti ma essere coerenti.

Questa è la differenza. Le caratteristiche contrastanti sono momenti di umanità. La coerenza di un personaggio deriva invece dalla buona caratterizzazione. Rod può essere un bullo, un ragazzo aggressivo, che risponde male a chi gli chiede l'ora, ma forse si ferma a guardare con interesse un poster di carnevale. Perché? Forse la sua aggressività è una strategia di difesa, mentre lui ama divertirsi. O forse il poster gli ricorda quando giocava con suo figlio, che ora sua moglie ha portato in un altro stato dopo il divorzio. Ecco un contrasto in azione: si comporta come un uomo cupo e arrabbiato ma mostra interesse per la gioia e il divertimento. Tuttavia, se vediamo il Rod aggressivo e asociale per nove pagine di un racconto, e poi, a pagina dieci, comincia a divertirsi a carnevale *senza nessun motivo*, allora il personaggio non è coerente.

I personaggi possono fare qualcosa che è fuori dal loro carattere, ma il lettore deve essere informato di questa possibilità: se un personaggio schivo a un certo punto fa qualcosa di coraggioso o rischioso, il lettore deve essere cosciente delle reali capacità del personaggio prima che questo accada.

Non c'è niente di peggio che pensare che in nessun modo *quel* personaggio avrebbe potuto commettere *quella* azione. Anche se il lettore viene sorpreso dalle azioni di un personaggio (e questa è una buona cosa), la caratterizzazione deve essere coerente.

Nel racconto *Queen Devil* di Kathy Hepinstall, Nick, il fratello del narratore, fa qualcosa di assolutamente sorprendente: spara a sua moglie. Nick, fino a quel momento, è stato descritto come un uomo che sente profondamente la mancanza della moglie, che lo ha recentemente lasciato, e dei figli. Cos'è che fa di Nick un personaggio coerente? A dispetto del suo affetto genuino per la famiglia, l'intensità della sua rabbia è percepibile lungo tutta la storia. Parla a sua moglie con risentimento, beve molto. Sono indicatori di instabilità.

Il lettore capisce che Nick nutre dei sentimenti di rabbia, e delle idee insane. Le motivazioni per la sua azione violenta sono chiare. Bisogna però fare in modo di sorprendere il lettore. I personaggi devono essere coerenti, ma non possono essere del tutto prevedibili.

LA POSSIBILITÀ DI CAMBIARE

I personaggi devono avere l'abilità di cambiare, e il lettore deve accorgersi di questo potenziale. Il cambiamento è molto importante per i personaggi principali. Se il desiderio porta avanti la storia, il cambiamento è spesso il culmine della vicenda. Anche se non deve essere obbligatorio, e neanche completo, il lettore deve vedere che il personaggio è in grado di cambiare: deve esserci la possibilità di scegliere.

Ne *La signora con il cagnolino* di Anton Cechov il protagonista, Dmitri, cambia drasticamente. All'inizio della storia, si comporta da maschilista, considera le donne una "razza inferiore", anche se si rende conto di non poter passare più di due giorni senza di loro. Considera sua moglie di "limitata intelligenza", ma ha paura di lei e ha molte relazioni passeggere. La storia è incentrata sul desiderio di Dmitri per Anna, un desiderio che si presenta in maniera sottile, quando lui viene a sapere dell'arrivo di questa "signora con il cagnolino", e inizia a desiderare una relazione con lei. Alla fine della storia, Dmitri capisce di essersi innamorato per la prima volta nella sua vita. La storia finisce con Dmitri in preda alla frustrazione al pensiero di non poter stare insieme ad Anna. In questo caso, il protagonista ha subito un cambiamento.

Tornando a *Lolita*, il lettore sa che Humbert Humbert è in grado di controllare il suo desiderio per le ninfette. Lui stesso si lamenta e tenta di resistere. Alla fine, torna da Lolita quando lei ha diciassette anni ed è incinta, e si accorge di esserne ancora innamorato. È cambiato perché riesce ad amarla anche se Lolita non è più un'adolescente, ma resta comunque il dubbio che, lasciato da solo con un'altra ninfetta, potrebbe tornare quello di prima. Quindi Humbert Humbert è cambiato, ma non del tutto.

Esercizio. Tornate al personaggio per cui avete creato un desiderio e delle caratteristiche contrastanti. Scrivete un brano in cui questo personaggio persegue il suo desiderio in qualche modo. Per esempio, l'attrice potrebbe decidere di presentarsi a un'audizione a cui non è stata invitata (gli ostacoli sono sempre ben accetti). Non dovete portare questo percorso a una conclusione, ma dovete fare in modo che accada qualcosa che faccia emergere i tratti contrastanti e che faccia balenare la possibilità di un cambiamento. Ci sono molti elementi in ballo, perciò non preoccupatevi se quello che scrivete finirà per essere un po' confusionario.

DA DOVE VENGONO I PERSONAGGI

Per ottenere personaggi affascinanti e memorabili, c'è bisogno di un punto di partenza. Da dove vengono i personaggi? Guardatevi intorno, e guardate nella vostra memoria. I vostri personaggi emergeranno dalle persone che avete conosciuto, visto o anche solo immaginato. L'ispirazione è ovunque.

Gli scrittori spesso costruiscono i personaggi partendo dalle caratteristiche di persone che conoscono, altri partono invece dalla propria personalità. Nelson Algren si è immerso nei bassifondi di Chicago, che poi ha raccontato ne *L'uomo dal braccio d'oro*. Il personaggio di Frankie Machine è ispirato in parte a un uomo di nome Doc, un giocatore di carte di Division Street, e in parte ad Algren stesso.

Anche se vi basate su persone che conoscete bene, ricordatevi che quando avete a che fare con le persone reali dovete lasciare spazio alla creatività. Ho conosciuto scrittori che dicevano che i loro personaggi erano basati su qualcuno che conoscevano, e poi passavano tutto il loro tempo a verificare che le azioni dei personaggi fossero aderenti alla persona reale. Invece di chiedersi «Cosa farebbe il mio personaggio in questa situazione?» si chiedevano «Cosa farebbe mio fratello (o mio zio, o il mio migliore amico) in questa situazione?». Si può diventare matti a cercare di capire se un'azione è "giusta" o se la persona reale si comporterebbe così. Molto meglio narrativizzare queste persone, trasformandole in personaggi che si adattino alle necessità della storia.

Potete anche trarre ispirazione da persone che non conoscete: osservare la gente è un ottimo modo per sviluppare i personaggi. Osservate le persone e cercate di immaginare in che tipo di situazione si trovano. Perché quella ragazza seduta alla fermata dell'autobus sta piangendo? Cosa sta succedendo tra quel ragazzo dai capelli rossi e quella ragazza che si rifiuta di parlargli?

Poi potete anche chiedervi «Cosa accadrebbe se...?». Cosa accadrebbe se qualcuno si sedesse accanto alla ragazza che piange per consolarla? Cosa accadrebbe se un altro uomo posasse la sua mano sulla gamba della ragazza che evita di parlare con il ragazzo dai capelli rossi? Come reagirebbe?

Non avete bisogno di sapere tutto delle persone che vedete. Potete prendere ispirazione da un singolo particolare e poi esercitarvi a svilupparlo.

CONOSCIAMO I PERSONAGGI

Prendetevi il tempo di conoscere i vostri personaggi come se fossero vostri amici, e questo vale anche per i personaggi sgradevoli. Durante lo sviluppo di una storia, è utile conoscere intimamente i personaggi, in modo da poterli descrivere con maggiore autenticità.

Immaginate i vostri personaggi in diverse situazioni e provate a pensare a come si comporterebbero. Essi non esistono nel nulla, quindi bisogna farli agire e interagire con il mondo reale. Per esempio Chris, nato e cresciuto a Brooklyn, si comporterebbe in un certo modo in una metropolitana di New York e in un altro modo in un autobus di Atlanta, in Georgia. A New York si sente nel suo habitat, ad Atlanta lui guarderebbe fuori dal finestrino per capire dove deve fermarsi. Metterebbe la sua valigia sul sedile di fianco, cosa che a New York non farebbe mai.

Quando si sviluppano i personaggi, bisogna considerare le seguenti categorie:

- **Apparenza**: non si può giudicare un libro dalla copertina, ma la copertina può dare informazioni e creare aspettative. Il modo in cui un personaggio si veste, si muove o si comporta è estremamente importante, e rivela molto della sua personalità.
- **Sfondo**: una donna cresciuta in una famiglia con diciassette ragazzi si comporta diversamente da una che è cresciuta come figlia unica. Le

esperienze, il modo in cui sono cresciuti o ciò che hanno sofferto, sono tutte cose che danno forma ai personaggi.

- **Personalità**: questo è un aspetto che deriva dalle due categorie precedenti, il risultato di tutto ciò che una persona è stata ed è. In che modo pensa? Quali sono le sue inclinazioni? Le sue speranze? Le sue paure? La personalità di un personaggio indica come agirà e reagirà a ciò che gli accade in una storia.
- **Identità primaria**: come si definirebbe il vostro personaggio? Provate a chiedere a diverse persone: «Chi sei?», e otterrete risposte molto differenti. Alcuni risponderanno con l'occupazione o la razza, altri con il genere o l'età. La risposta a questa domanda indica il modo in cui una persona si identifica. Una persona che risponde «Sono un avvocato» ha una identità primaria molto differente da chi risponde «Sono un hindu». Magari sono entrambi avvocati o entrambi hindu, ma si identificano in modi molto diversi.

Domande

Per conoscere meglio i vostri personaggi, è utile porsi tutte le domande possibili. Alcuni scrittori sono soliti fare una lista. Si può cominciare con le domande più elementari:

- Come si chiama il personaggio? Ha un soprannome?
- Di che colore ha i capelli? E gli occhi?
- Quali sono le sue caratteristiche somatiche? Ha qualche segno particolare?
- Chi sono i suoi amici? E la sua famiglia? Quali sono le persone con cui passa più tempo?
- Dove è nato? E dove vive? Qual è il posto in cui si sente a casa?
- Dove va quando ha fame?
- Qual è la sua più grande paura? Con chi si confida? Con chi non si confiderebbe mai? Perché?
- Ha qualche segreto?
- Cos'è che lo fa ridere o piangere?
- È innamorato? Ha il cuore spezzato?

Poi andate più in profondità e ponetevi domande più specifiche:

- Cosa c'è nel suo frigorifero? Sul pavimento della camera da letto? E nella spazzatura?
- Che scarpe indossa? Come sono i suoi calzini?
- Quale odore associa ai suoi ricordi d'infanzia?
- Il personaggio sta facendo le pulizie di primavera. Quali oggetti per lui sono più facili da gettare via? Quali i più difficili? Perché?
- Il personaggio si sta preparando a passare una serata fuori casa. Dove sta andando? Come si veste? Con chi uscirà?

Di certo non tutte queste informazioni troveranno posto nella storia, ma meglio conoscete i personaggi e meglio riuscirete a renderli credibili. Il romanziere E.M. Forster, nel suo libro *Aspetti del romanzo*, ha scritto che un personaggio è credibile quando lo scrittore sa tutto di lui: «Può scegliere di non raccontare tutto ciò che sa – molti fatti, anche quelli che ci sembrano più ovvi, possono essere tralasciati. Ma ci darà la sensazione che anche se una cosa non è stata spiegata, sarebbe possibile farlo...».

Esercizio. Date un'occhiata al mondo fuori e scegliete un personaggio. Osservate qualcuno che non conoscete, come il vostro vicino di posto sull'autobus, o che conoscete poco, come il cassiere che vedete una volta a settimana. Parlate con lui o lei, se vi va. Prendete degli appunti, mentali o scritti. Poi completate la vostra conoscenzadi questa persona rispondendo alle domande suggerite nelle pagine precedenti. Molti particolari saranno inventati, ma va bene così. Questa è narrativa.

TIPI DI PERSONAGGI

Non tutti i personaggi vanno sviluppati con la stessa profondità, questa va riservata principalmente ai protagonisti.

Tutti gli aspetti di cui abbiamo parlato – desideri, complessità, contrasti, coerenza, cambiamento – devono riguardare i personaggi più importanti. Le storie tendono ad avere un unico protagonista, anche se alcuni romanzi ne hanno due o più. Jay Gatsby è il protagonista de *Il grande Gatsby*, un uomo avvolto dal mistero, il cui unico scopo è conquistare la elusiva Daisy. Il protagonista di *Cattedrale* di Raymond Carver è un individuo senza nome che riesce a vedere in un nuovo modo grazie all'aiuto di un cieco.

A volte c'è un antagonista, un personaggio che pone un ostacolo al raggiungimento dello scopo del protagonista. Tom Buchanan, il marito di Daisy, è l'antagonista de *Il grande Gatsby* perché si oppone al desiderio di Gatsby. Tom può essere considerato un "cattivo ragazzo" perché è un cascamorto che a volte maltratta Daisy, ma l'antagonista non deve essere per forza "cattivo". Robert, il cieco che arriva in visita nel racconto *Cattedrale*, pur essendo l'antagonista è una persona del tutto positiva. Oltre ai protagonisti e agli antagonisti, ci sono altri personaggi più o meno importanti.

I personaggi secondari sono di supporto. Alcuni possono avere uno sviluppo, ma non della stessa intensità dei protagonisti. Il trucco da usare con i personaggi secondari è trovare pochi dettagli caratterizzanti che catturino la loro essenza. Jordan è un personaggio secondario ne *Il grande Gatsby*, ed è caratterizzata dall'essere una tennista e una pettegola. In *Cattedrale*, la moglie è un personaggio secondario, ed è gentile con Robert ed irritata con suo marito, ma sempre sullo sfondo.

Le comparse sono personaggi che non hanno un impatto significante sulla storia. Il loro ruolo è limitato e a volte, come in *Cattedrale*, la loro presenza non è necessaria. Spesso troverete i termini "a tutto tondo" e "piatto" riferiti ai personaggi. I personaggi a tutto tondo sono verosimili e sviluppati in pieno. E.M. Forster dice che un personaggio a tutto tondo è capace di sorprendere il lettore in modo convincente, unendo il contrasto con la coerenza. I personaggi piatti sono quelli caratterizzati solo dal loro ruolo. Non sono necessariamente un male: l'importante è che siano pochi, e che non siano i protagonisti.

MOSTRARE E RACCONTARE

Rimane una questione cruciale: come facciamo a rendere verosimili le persone sulla pagina senza poter usare carne, sangue e muscoli ma solo parole?

Ci sono due metodi per descrivere un personaggio: mostrare e raccontare. A volte può essere più efficace per il narratore raccontare e spiegare il personaggio. Per esempio ne *L'uomo dal braccio d'oro*, il narratore racconta al lettore di Frankie Machine e del suo amico Sparrow chiusi in una cella:

> Il tranquillo biondino dalla faccia squadrata e con i piccoli occhi da bisonte, chiamato Frankie Machine e l'arruffato e nervoso Sparrow si sentivano furbi come al solito. Quelle mura, che li avevano già imprigionati prima, non li avevano mai trattenuti a lungo.

I personaggi non sono mostrati con azioni specifiche che rivelino le loro caratteristiche o le loro intenzioni. Lo scrittore ci racconta ciò che vuole farci sapere di loro. Qui il racconto è appropriato perché permette di distinguere rapidamente tra Frankie e Sparrow e introduce la loro condizione di individui dentro e fuori la prigione.

Ma non bisogna esagerare con le spiegazioni. Gli insegnanti di scrittura ordinano agli studenti: «Non dire, mostra!», spesso aggiungendo un punto esclamativo. E hanno ragione. Rivelare informazioni mostrandole è molto più interessante che raccontarle, perché il mostrare dà la possibilità al lettore di sentirsi coinvolto.

Per esempio:

> Greta è un'artista e arredatrice ventitreenne che non ama avere una compagna di stanza.

Le informazioni fondamentali su Greta sono tutte disponibili. In questo esempio di racconto, il lettore viene a sapere il nome del personaggio, la sua età, il suo lavoro e il fatto che non le piaccia avere una compagna di stanza. Tuttavia, sarebbe meglio mostrare Greta piuttosto che raccontarla.

Il trucco è trovare i dettagli specifici che permettano di mostrare le informazioni necessarie mentre l'attenzione del lettore è rivolta alle emozioni e alle azioni. Per esempio:

> Dopo una settimana stressante da Mr. Feinmen a preparare i materiali per trasformare l'ingresso in una specie di caverna dal soffitto basso, Greta si sedette da sola in un angolo del bar, sorseggiando un tè. Forse se la sua compagna di stanza se ne fosse andata per la notte, avrebbe avuto anche il tempo di costruire dei modellini di scheletri.

I fatti principali sono anche in questa versione. Il lettore si fa un'idea del personaggio, del suo lavoro e dei suoi sentimenti verso la compagna di stanza. Ma in questa versione ci sono anche altre informazioni. Si capisce che Greta ha un gusto artistico eccentrico e macabro. Emerge anche la natura delle sue difficoltà con la compagna di stanza: Greta non sente di avere un proprio spazio per occuparsi di arte a casa. Si può vedere anche come combatta lo stress: si nasconde in un locale anziché affrontare i problemi. Sembra quasi preferire che le caverne circondino sia la sua vita artistica che quella privata. Beve un tè, e questo ci dice qualcosa in più. Se avesse bevuto una birra sarebbe stato diverso. Un Martini avrebbe detto qualcos'altro ancora.
Ma soprattutto, la seconda versione è più interessante perché dà al lettore l'opportunità di interagire con la storia. L'attenzione del lettore è focalizzata sull'azione e sui desideri di Greta, che crea tensione portando avanti la caratterizzazione.
Mostrare vi permette anche di rallentare e rivelare i particolari gradualmente. Nella vita reale le persone si rivelano a poco a poco. La stessa cosa deve accadere nella narrativa.
Ci sono quattro modi per mostrare le caratteristiche di un personaggio:

- Azione
- Dialogo
- Aspetto
- Pensieri

Essi permettono di mostrare un personaggio in tutte le sue dimensioni.

AZIONI

Come dice la saggezza popolare: «Le azioni dicono più delle parole» e «Ci crederò quando lo vedrò». Le azioni sono il maggior veicolo di informazioni per il lettore: la personalità di un personaggio emerge anche dal modo in cui si comporta con il vicino che lascia la spazzatura fuori dalla porta, dal modo in cui passa i martedì sera, dal modo in cui discute con gli altri.
Ne *Il grande Gatsby*, Daisy si rivela molto bene grazie alle sue azioni quando incontra il narratore Nick, suo cugino, che non vede da un anno:

> Lei rise di nuovo, come se avessi detto qualcosa di molto divertente e mi tenne le mani per qualche istante, guardandomi negli occhi e assicurandomi che non c'era altra persona al mondo che avrebbe voluto vedere di più di me. Era fatta così.

Daisy si comporta con estrema gentilezza. Le sue azioni aiutano a mostrare il carattere di Daisy e il suo comportamento da gentildonna del Sud.
Se tutte le azioni rivelano qualcosa, quelle di un personaggio quando è in crisi spesso arrivano al nucleo della sua vera natura e delle sue

intenzioni. Dopo aver confessato a suo marito Tom che lei ama Gatsby e che se ne andrà con lui, Daisy parte in macchina con Gatsby. Daisy, al volante, investe e uccide accidentalmente una donna (nientedimeno che l'amante di Tom) e scappa via – mostrando tutto il suo nervosismo. Gatsby decide di prendersi la colpa per proteggere Daisy e la riaccompagna a casa. Lui aspetta fuori, pensando che lei si chiuda a chiave nella stanza, come avevano concordato che avrebbe fatto se Tom le avesse dato qualche problema. Invece Nick la vede con Tom:

> Daisy e Tom se ne stavano seduti uno di fronte all'altra al tavolo della cucina, con un piatto di pollo freddo tra loro e due bottiglie di birra. Lui le stava parlando con gentilezza, e la sua mano era caduta a coprire quella di Daisy. In un attimo lei alzò lo sguardo per fissarlo e annuì. Non erano felici, e nessuno di loro due aveva toccato il pollo o la birra – ma non erano neppure infelici. C'era un'inconfondibile aria di intimità nella scena e nessuno avrebbe detto che stavano tramando qualcosa.

Qui viene rivelata la vera natura di Daisy. In questo momento, dopo essere fuggita con Gatsby e aver ucciso una donna guidando imprudentemente, lei torna dal marito e si rinchiude nella sicurezza del matrimonio, lasciando Gatsby sotto la pioggia. Questo rivela molto di Daisy: la sua duplice natura, la sua sottomissione, la vigliaccheria e l'incapacità di sopportare la pressione. È molto diversa dalla donna affascinante che abbiamo incontrato all'inizio.

DIALOGO

I personaggi possono essere definiti attraverso i loro discorsi. Quello che le persone dicono, come lo dicono, e cosa non dicono sono tutte cose illuminanti. Se volete conoscere qualcuno cosa fate? Parlate con lui.
Ne *Il grande Gatsby*, Daisy parla come una fanciulla un po' svampita, come si nota in questi tre brani:

> «Ti è mai successo di aspettare il giorno più lungo dell'anno e poi dimenticartene? Io aspetto sempre il giorno più lungo dell'anno e poi me ne dimentico».

> «Ti racconterò un segreto di famiglia» sussurrò con entusiasmo. «Riguarda il naso del maggiordomo. Vuoi che ti racconti del naso del maggiordomo?».

> «Capisci bene che io penso che tutto questo sia terribile» disse con convinzione. «Chiunque lo pensa – le persone più intelligenti. E io *lo so*. Sono stata dovunque, ho visto tutto e fatto tutto».

Le domande, le confidenze e le affermazioni di Daisy mostrano al lettore la meraviglia nei suoi occhi spalancati e la sua natura naïf. Man mano che la storia avanza, noi cominciamo a capire che c'è della tensione nascosta.

ASPETTO

La breve visione di qualcuno può darci molte informazioni sulla sua personalità. Si può capire qualcosa dall'aspetto, dal modo in cui si veste, e dall'espressione facciale. Il modo in cui un personaggio appare dà al lettore molte informazioni su come questa persona si presenta e vive.
Ne *Il grande Gatsby,* il lettore incontra per la prima volta Tom, il marito di Daisy, in questo modo:

> Era cambiato dagli anni di New Haven. Adesso era un trentenne forte e dai capelli color paglia, labbra dure e maniere superbe. Due occhi arroganti e splendenti gli davano l'aspetto di chi si comporta sempre in modo aggressivo. Neanche l'eleganza del suo vestito da cavallerizzo riusciva a nascondere l'imponenza del suo corpo – sembrava che riempisse quegli stivali scintillanti al punto di far esplodere i lacci e si poteva vedere un fascio di muscoli andare su e giù quando le sue spalle si muovevano nella giacca. Era un corpo capace di grandi imprese – un corpo crudele.

Non limitatevi alle cose ovvie quando vi concentrate sull'aspetto di un personaggio. A volte anche i dettagli eccentrici possono essere utili.

PENSIERI

La narrativa ha il potere di entrare nella mente dei personaggi, spesso con maggiore profondità di altre forme di racconto. Nei film e nelle opere teatrali il pensiero non si può esprimere facilmente, mentre nella narrativa i pensieri dei personaggi possono essere mostrati direttamente al lettore.
Ne *Il grande Gatsby,* il lettore ha accesso diretto ai pensieri di Nick visto che la storia è narrata dal suo punto di vista. Questo è un esempio di ciò che pensa Nick:

> Mi piaceva camminare per la Quinta Strada e osservare donne romantiche tra la folla e immaginare che in pochi minuti sarei potuto entrare nelle loro vite, e nessuno lo avrebbe mai saputo. A volte, nella mia mente, le seguivo fin nei loro appartamenti in strade isolate, loro si giravano e mi sorridevano prima di sparire nell'oscurità.

Questi pensieri mostrano la solitudine di Nick, che fantastica di entrare nella vita delle donne, ricevendo sorrisi da loro. Il lettore vede un lato segreto di Nick, qualcosa che lui non condividerebbe volentieri con nessuno.

UNA SINFONIA DI METODI

È consigliabile usare questi quattro metodi – azione, dialogo, aspetto, pensieri – in combinazione tra loro, in modo da creare un senso di profondità in ogni momento della storia.
Nella vita reale, conosciamo le persone in molti modi, spesso simultaneamente, e mescolare i metodi aiuta a ricreare questo senso di realtà.

In *Cattedrale*, la moglie del narratore sta aspettando un ospite: un cieco, Robert, con cui ha lavorato e con cui ha continuato a tenersi in contatto. Il narratore non è entusiasta di questa visita ed è a disagio per il fatto che quest'uomo sia cieco. Questo è ciò che accade quando il narratore conosce Robert:

> Questo cieco, provate a immaginare, aveva sulla faccia una gran barba. Una barba sulla faccia di un cieco! Questo è troppo, dico io! Il cieco allungò una mano verso il sedile posteriore e tirò fuori una valigia. Mia moglie gli prese il braccio, chiuse la portiera e, continuando a parlare senza sosta, lo guidò per il vialetto e sulle scale della veranda. Io spensi la TV. Finii il mio drink, sciacquai il bicchiere, mi lavai le mani. Poi andai alla porta.
> Mia moglie disse: «Ti presento Robert. Robert, questo è mio marito. Ti ho detto tutto su di lui». Era raggiante. Teneva il cieco per la manica della giacca. Il cieco lasciò andare la valigia e la sua mano scattò in alto. Gliela presi. Me la strinse forte, la tenne e dopo un po' la lasciò andare.
> «È come se ci conoscessimo già» tuonò.
> «Anche per me» dissi. Non sapevo cos'altro aggiungere. Poi dissi «Benvenuto. Ho sentito parlare molto di te».

Potete notare come i diversi metodi siano usati in combinazione in modo da catturare i tre personaggi in questo momento specifico. Con il narratore, noi conosciamo i suoi pensieri sulla barba del cieco, le sue azioni nervose di finire il drink e prepararsi a rispondere, il fatto di non dare il benvenuto in maniera naturale. Ma questo momento non caratterizza solo il narratore. Il lettore vede l'aspetto di Robert, i suoi discorsi e le sue azioni. La moglie del narratore è caratterizzata attraverso la sua attenzione per Robert, la sua espressione raggiante e la gioia con cui lo presenta al marito. In poche righe c'è una enorme quantità di informazioni.

I quattro metodi possono anche essere usati in contrapposizione. Voi dite sempre quello che pensate? Il linguaggio del corpo non vi tradisce mai?

Spesso la verità viene fuori dalla discrepanza tra due o più dei quattro metodi. Per esempio, George può parlare con la sorella al telefono e dirle che il concerto a cui lo vuole portare è ridicolo, ma allo stesso tempo potrebbe prendere nota della data e del luogo. Le parole di George («Sei matta? Che idea stupida!») dicono qualcosa di diverso dalle sue azioni («Bene, forse ci andrò»).

Ne *Il grande Gatsby*, Daisy mostra una discrepanza quasi subito. Tom interrompe la cena per rispondere a una telefonata della sua amante, allora Daisy si giustifica e segue il marito. Gli ospiti possono sentire la loro discussione ad alta voce.

Quando Daisy ritorna a tavola con Tom, lei dice a proposito della telefonata «Non aveva bisogno di aiuto», poi comincia a sproloquiare su un uccellino fuori dalla finestra. Le sue azioni – lasciare bruscamente la cena per litigare con Tom – contraddicono le sue parole cortesi. Anche

se Daisy dice che è tutto a posto, le sue azioni dicono al lettore, e agli ospiti, un'altra cosa.
La grande narrativa usa tutti e quattro i metodi, sia che si supportino o si contraddicano a vicenda. L'idea è di bilanciarli come gli strumenti di una sinfonia.

Esercizio. Tornate al personaggio che avete usato per il questionario. State per collocare questo personaggio (inventato) nel mondo e dovete descriverlo. Immaginate che questa persona stia entrando nella sala d'aspetto di un terapista per la prima volta. Scegliete voi il tipo di terapia, ma sicuramente questa persona si deve sentire sotto pressione. Scrivete un brano in cui lo stress del personaggio nella sala d'attesa venga illustrato con tutti e quattro i metodi. Se volete, potete mettere il personaggio in una situazione ancora più stressante. Cosa farà a quel punto?

SOLO I DETTAGLI IMPORTANTI

Una volta creati i personaggi a tutto tondo, non c'è limite alle cose che potete mostrare o raccontare su di loro. Ma quando date forma ai personaggi nel contesto di una storia, assicuratevi di scegliere con cura quali dettagli includere. In parole povere, resistete alla tentazione di inserire tutto e il contrario di tutto.
Il fatto che Lance abbia passato un anno e mezzo ad Harvard può non essere rilevante in una storia che parla di Lance e Addie, una coppia sposata da quarantatré anni che affronta la morte del loro vecchio cane, un dobermann di nome Eugene. Tuttavia, il dettaglio di Harvard può diventare importante se, invece che della morte del cane, la storia parli di come Lance si sia pentito della decisione di lasciare gli studi per trasferirsi a Parigi con una ragazza conosciuta al college.
Ogni dettaglio che includete in una storia deve essere funzionale alla vicenda che state raccontando.

L'IMPORTANZA DEL NOME

Per finire pensiamo ai nomi. Non è un argomento stupido: un nome deve essere adatto al personaggio. Certo, i vostri genitori vi hanno dato un nome prima di conoscervi e prima che aveste sviluppato una personalità, ma come autori avete la possibilità di fare in modo che il nome entri a far parte della caratterizzazione. Perciò evitate i nomi banali che non dicono nulla sul personaggio. Ed evitate di dare ai personaggi nomi troppo simili, che servono solo a confondere il lettore. Invece pensate al modo di rivelare qualcosa del personaggio attraverso il nome.
Alcuni scrittori usano nomi che trasformano i personaggi in affermazioni. Dickens usava nomi pieni di significato, come in *Nicholas Nickleby* (una storia sul denaro) dove troviamo personaggi chiamati Wackford Squeers, Sir Mulberry Hawk e Miss Snevelicci. Il narratore di *Lolita* prende, appropriatamente, il ridondante nome di Humbert Humbert.

E non dimentichiamo i soprannomi. Il soprannome di Frankie Machine viene dal suono del suo vero cognome – Majcinek – e dalla sua abilità nel dare le carte (il suo braccio sembra una macchina).

Esercizio. Prendete un elenco del telefono. Apritelo e scegliete un nome a caso. Quella persona è il vostro personaggio. Pensate a chi potrebbe essere davvero quella persona. O a quale personaggio potrebbe stare bene con quel nome. Se vi va, buttate giù pochi dettagli su questo personaggio. Se siete molto ispirati, potete usarlo per gli esercizi precedenti. E niente vi impedisce di usare questo sistema ogni volta che trovate un personaggio. L'elenco del telefono è pieno di nomi!

A volte i personaggi non hanno nome, come nel caso dei coniugi di *Cattedrale*. Alcuni personaggi sono conosciuti solo come "l'uomo" o "la ragazza", come in *Colline come elefanti bianchi* di Ernest Hemingway. In questi casi lo scrittore può aver voluto che i personaggi fossero per certi versi anonimi, ma è meglio non esagerare con questo trucco perché si rischia di sembrare troppo pretenziosi o, peggio, di privare i personaggi di un importante elemento di caratterizzazione.
Al contrario, ne *Il grande Gatsby*, Fitzgerald ha caratterizzato un intero gruppo di persone solo con i loro nomi. Qui Nick elenca gli ospiti al party di Gatsby:

> Mi ricordo che arrivò per prima Faustina O'Brien e le Baedecker e il giovane Brewer con il suo naso storto e Mr. Albrucksburger e Miss Haag, la sua fidanzata, e Ardita Fitz-Peters, e Mr. P. Jewett, una volta a capo dell'Esercito, e Miss Claudia Hip con un uomo che doveva essere il suo autista, e il principe di qualcosa che noi chiamavamo Duke, e il cui nome, se mai l'ho saputo, ho dimenticato.

I nomi sono come l'involucro di un regalo, danno un'idea di ciò che può esserci in una persona.

Capitolo terzo

METTERE A FUOCO LA TRAMA

di David Harris Ebenbach

Quando arrivai al Vermont College per iniziare un corso di scrittura creativa, avevo sottobraccio più di cento pagine del mio primo romanzo, su cui stavo lavorando già da mesi. Avevo faticato molto, ma arrivato a quel punto non sapevo cosa fare delle pagine che avevo scritto, così consegnai quella stesura parziale alla mia tutor, Ellen Lesser, nella segreta speranza che lei mi dicesse che ero un genio, incoraggiandomi così a continuare e finire l'opera.

La sua reazione fu un po' meno positiva, ma molto più utile. In parole povere, Ellen mi disse di tagliare almeno metà delle pagine che avevo scritto.

Per prima cosa pensai di mollare tutto, e che il romanzo non era altro che spazzatura da bruciare al più presto ma, dopo averci pensato con più calma, decisi che valeva la pena seguire il consiglio di Ellen e cambiare il mio metodo di lavoro. In quel momento ho cominciato a imparare.

Ad Ellen piacevano molte parti del libro, ma non poteva fare a meno di notare che il primo capitolo era pieno di descrizioni mentre la storia non andava avanti. Mi fece notare un dialogo tra due personaggi che era abbastanza verosimile, ma non diceva niente di significativo. Mi mostrò scene in cui i personaggi facevano cose normali come lavarsi i denti, vestirsi e camminare, anche quando queste attività non avevano niente a che vedere con la storia.

In particolare ricordo una scena in cui uno dei protagonisti passeggiava per il suo appartamento con un gatto appollaiato sulla spalla. Leggeva e dormiva, si imburrava un panino, guardava fuori dalla finestra. E intanto non succedeva niente. Il personaggio pensava ai dettagli della sua vita, cose che ero sicuro fossero indispensabili per il lettore. E invece il lettore rischiava di addormentarsi.

Ellen mi fece capire che avevo scritto quelle pagine per me, per conoscere meglio i personaggi, i posti e le situazioni in modo da poterne parlare con maggior padronanza. Questa era una cosa buona e giusta, essenziale *per me*, ma non per il lettore. Il lettore ha bisogno solo della storia. In altre parole, dovevo concentrarmi sulla trama.

TRAMA VS. VITA REALE

La vita può essere interessante, movimentata, piena di eventi, ma raramente ha una trama. Mangio un panino perché ho fame, poi vado al lavoro e torno a casa, le stesse cose fatte il giorno prima. Persone di ogni genere mi circondano ma sembrano solo incontri casuali. Anche la morte, probabilmente l'unica vera fine dell'essere umano, avviene spesso all'improvviso, lasciando molte cose a metà.
Alfred Hitchcock (e non solo lui) ha detto che la trama è come la vita reale senza le parti noiose. E questo è più o meno quello che intendo dire: la trama non è esattamente come la vita reale, e la trama è uno di quegli elementi che separano la vita reale dalla narrativa. Quando le persone chiedono «cosa succede?» riferendosi alla loro vita, non si aspettano necessariamente una risposta, ma se pongono la stessa domanda parlando di un racconto o di un romanzo, vogliono avere una risposta chiara. La buona narrativa presenta una sequenza di eventi, possibilmente affascinanti e ricchi di significato. Lo scopo di questo capitolo è mostrare come la vita può essere trasportata nella narrativa, come trasformare la vita in trama.
Pensate a una storia che vi è piaciuta particolarmente, una di quelle storie da cui non siete riusciti a staccarvi finché non l'avete finita: sicuramente questa storia ha una grande trama. Un avvenimento si intreccia con un altro, la situazione diventa sempre più tesa e il lettore si chiede come andrà a finire.
Una buona trama è quella che spinge il lettore a girare pagina per sapere cosa succederà, e anche se in molti circoli letterari snob si guarda con sufficienza a questa caratteristica, alcuni dei romanzi più riusciti di tutti i tempi funzionano proprio grazie a un plot che cattura il lettore dall'inizio alla fine. Il lettore si appassiona a ciò che accade nella storia, e se così non è, il libro verrà abbandonato prima della fine.
Come si riesce a fare in modo che tutto ciò accada? In teoria è facile: la trama si ottiene sviluppando personaggi, ambientazione, voce e tutto il resto attorno a un argomento scatenante. Un solo argomento scatenante e non di più. Un racconto, anche di grande impatto, riguarda pur sempre una porzione di realtà limitata, e lo stesso vale per un romanzo. Un'opera di narrativa non può riguardare milioni di cose, ma solo una, che deve essere in grado di portare nell'opera una singola, pressante domanda.

LA DOMANDA DRAMMATURGICA PRINCIPALE

Questa domanda – spesso conosciuta come Domanda Drammaturgica Principale – è generalmente una domanda secca a cui si può rispondere sì o no, e che trova risposta solo alla fine della storia. Brian troverà un lavoro? Jamie e Anna andranno a vivere in appartamenti separati?
La Domanda Drammaturgica Principale è alla base della letteratura. In *Orgoglio e pregiudizio* di Jane Austen, ci si chiede se Elizabeth Bennet

coronerà il suo amore con Mr. Darcy. In *Per chi suona la campana* di Ernest Hemingway, la domanda è se Robert Jordan sfuggirà al suo destino salvandosi dalla missione militare. Centinaia di pagine per una domanda fondamentale. Leggiamo perché la suspense creata dalla domanda ci tiene incollati alla pagina per trovare la risposta.
Tutto questo ci porta a parlare delle risposte. È ovvio che, se si è posta una domanda, bisogna anche dare una risposta, ma le possibilità di risposta sono diverse: sì, no o forse. Va bene se Brian trova un lavoro, o anche se non lo trova, a patto che la storia giustifichi questa risposta. Ma si può anche dire "forse", se si riesce a convincere il lettore che nessuna delle altre risposte sarà soddisfacente. In ogni caso, occorre ricordare che il lettore tende a non essere soddisfatto dalla risposta se questa viene fuori come *deus ex machina*, ed è questo il motivo per cui molti lettori non apprezzano Dickens; i miracoli che risolvono molti suoi romanzi non piacciono al lettore moderno. È molto meglio se la riposta scaturisce dalle azioni o dai pensieri del protagonista.
È importante anche che la risposta venga data alla domanda giusta. Se l'intera storia porta a chiedersi se Brian troverà un lavoro, non potete concludere dicendo «Sì, Brian si innamorerà di nuovo». La conclusione deve riguardare il suo tentativo di trovare un lavoro, altrimenti il lettore dirà con irritazione: «Non so di cosa parla questa storia!», ed è l'ultima cosa che volete.
La Domanda Drammaturgica Principale può sembrare strana a molti scrittori, come se si trattasse di qualcosa che deve essere inserito a forza in una storia. In realtà, la domanda è collegata all'intero universo narrativo, e scaturisce dalla relazione tra tre elementi: il protagonista, il suo obiettivo e l'ostacolo al raggiungimento dell'obiettivo.

Esercizio. Pensate a una delle vostre opere di narrativa preferite – *Via col vento, Colline come elefanti bianchi* ecc. – e provate a pensare a quale potrebbe essere la Domanda Drammaturgica Principale in queste opere. Ricordate, è una domanda a cui si può rispondere di solito "sì", "no" o "forse". A volte sarà necessario rileggere la storia per individuare la domanda.

Il protagonista

Il protagonista, il personaggio principale di una storia, deve essere anche quello più complesso e ricco di sfaccettature. La Domanda Drammaturgica Principale solitamente riguarda il protagonista e gli eventi della sua vita.
Di solito, proprio per le caratteristiche intrinseche del ruolo, in una storia c'è solo un protagonista. Le eccezioni non mancano – *L'urlo e il furore* di Faulkner o *Cent'anni di solitudine* di Garcia Marquez, ad esempio – ma la maggior parte dei romanzi ha un solo protagonista. Gli scrittori usano lo spazio a loro disposizione non per analizzare tanti personaggi, ma per analizzarne bene uno solo.

Un esempio classico è *Il giovane Holden* di J. D. Salinger, il cui protagonista è il solo e unico Holden Caulfield. Costui, un ragazzo testardo ma sensibile, è arrabbiato e inetto, inesperto e speranzoso, brillante e miserabile, solo e giovane, tutto in uno. Holden è diventato uno dei personaggi della letteratura più famosi di tutti i tempi proprio perché il lettore riesce a identificarsi in lui e a leggergli nella mente.
Tuttavia, la personalità forte di Holden, da sola non sarebbe stata sufficiente ad appassionare il lettore per tutta la durata del libro. Holden ha bisogno di una storia.

Obiettivo

Nel capitolo precedente si è detto che il desiderio è il cuore di un personaggio. Adesso aggiungiamo che il desiderio del protagonista è la chiave per arrivare alla trama. Così come una storia è portata avanti da una domanda, la domanda entrerà in gioco quando il protagonista ha un desiderio, che chiameremo "obiettivo". Nello specifico, l'obiettivo del protagonista è di ottenere una risposta di tipo "sì o no" alla Domanda Drammaturgica Principale.
Questo obiettivo può essere conscio o inconscio, esplicito o implicito, concreto o astratto. L'importante è che gli obiettivi astratti siano associati con altri concreti e viceversa: il potere è legato ai soldi, il lavoro porta indipendenza, e così via. Gli obiettivi astratti devono essere rappresentati da qualcosa di concreto nella storia, o l'intera storia finirà per sembrare astratta.
Ne *Il giovane Holden*, l'obiettivo del protagonista è trovare un posto in cui si senta a casa. Lui persegue questo obiettivo astratto in maniera concreta, andando a New York in cerca di una persona, una persona qualsiasi, che sia in grado di capirlo. La Domanda Drammaturgica Principale può essere formulata così: «Holden riuscirà a trovare un posto in cui si senta a casa?».
Se il personaggio riuscirà nel suo obiettivo o meno, è un altro discorso.

Esercizio. Immaginate un protagonista che apparentemente abbia tutto: successo, soldi, amore. Date a questa persona un nome e alcune caratteristiche, poi trovate un obiettivo astratto per lui. Associate quindi all'obbiettivo astratto uno concreto che possa dare il via a una storia. Ad esempio, se questa persona desidera l'avventura, potrebbe desiderare di fare il giro del mondo. Suggerimento: l'obiettivo dovrebbe scaturire da qualcosa che manca nella vita apparentemente perfetta di questa persona.

Conflitto

L'obiettivo del protagonista può scontrarsi con ciò che vogliono altri personaggi, o contro la realtà fisica e sociale. In altre parole, ci sono degli ostacoli che creano conflitti. Le cose non possono essere troppo facili per i nostri personaggi; le cose facili sono fatte dai cattivi scrittori. La trama dipende dal conflitto, e per rendere le cose ancora più interessanti, il conflitto deve crescere man mano che il racconto progredisce. Le forze opposte – quelle che spingono il protagonista a raggiungere l'obiettivo e quelle che lo contrastano – aumentano in egual misura nel corso della storia, finché una delle due soccombe. Più sarà appassionante la lotta, migliore sarà la storia.

Il conflitto può assumere diverse forme. Alcuni ostacoli provengono dall'esterno, da altre persone (gli antagonisti), oppure dalle strutture sociali, dalla natura, dagli atti di Dio, e da innumerevoli altre situazioni. Una donna che cerca un riparo può non avere soldi, per esempio, o un uomo che cerca l'amore può non trovare una persona che lo ricambi.

Altri ostacoli invece provengono dall'interno. La stessa donna può non sentirsi degna di un riparo, e l'uomo può non sapere come cercare l'amore. In questi casi la lotta avviene nella mente dei personaggi, tra il desiderio e la paura. Le storie che più ci commuovono, e che hanno maggiore profondità, in genere contengono almeno in parte un conflitto interiore.

Ricordate che più gli ostacoli sono duri da affrontare, più il lettore si appassionerà. Del resto, una storia del tipo "Una famiglia di mendicanti esce per cercare cibo e lo trova sulla soglia dell'abitazione di fronte" non è un granché.

Il giovane Holden è ricco di conflitti. Holden Caulfield cerca ripetutamente di trovare una situazione in cui si senta compreso e al sicuro, con figure autoritarie come Mr. Spencer e Mr. Antolini, con suoi pari come Stradlater o Carl Luce, con potenziali fidanzate come Sally Hayes, con famiglie e anche con una prostituta. Tutti questi tentativi sono destinati a fallire, dovunque vada Holden trova ostacoli, trova idioti e persone false, o che abusano della sua fiducia. Holden affronta anche ostacoli interiori, come la sua incapacità di comunicare adeguatamente con le persone che lo circondano, e persino con sé stesso; lui probabilmente non sa di avere un obiettivo, e sicuramente non sa come raggiungerlo, ma continua a perseguirlo, anche a costo di partire per il Colorado.

Alla fine Holden riesce a trovare ciò che sta cercando. Abbandona il progetto di raggiungere il Colorado e decide di stare con sua sorella Phoebe, l'unica persona che ha davvero fiducia in lui. Questa sua decisione però dà ai suoi genitori l'occasione di chiuderlo in un istituto psichiatrico e poi di chiuderlo in un'altra scuola ipocrita. Holden non ha raggiunto il suo obiettivo, ma non ha perso la speranza di raggiungerlo prima o poi. *Il giovane Holden* è una di quelle storie che finiscono con un "forse".

Esercizio. Ritornate al personaggio creato per l'esercizio precedente e fate una lista di ostacoli interni ed esterni alla realizzazione del suo obiettivo. Elencate tutti gli ostacoli che vi vengono in mente, anche quelli che non userete nella storia. infine, create una Principale Domanda Drammaturgica che possiate utilizzare per una storia. Ricordate che questa domanda necessita di una risposta di tipo "sì, no o forse".

LA STRUTTURA DELLA TRAMA

Ora passeremo a studiare la struttura che nasce dalla Domanda Drammaturgica Principale, e che ne supporta lo sviluppo e, di conseguenza, la trama. La struttura è inseparabile dalla trama: se la trama è la sequenza di eventi che porta avanti la Domanda Drammaturgica Principale, la struttura è la forma sovrastante che mantiene la sequenza di eventi nel giusto ordine.

Per fortuna non dobbiamo inventare ogni volta una struttura diversa, ma ne abbiamo a disposizione un modello ormai consolidato, visto che esiste da più di duemila anni: è quello che deriva dalla *Poetica* di Aristotele, un dialogo sulle opere drammatiche. Infatti molti degli attuali concetti sulla narrazione derivano dalla *Poetica*, che a sua volta è nata dal fiorente teatro greco e dalla mitologia, che erano ricchi di storie e trame. Le regole codificate da Aristotele sono ancora valide per i racconti e i romanzi scritti ai giorni nostri.

Secondo il modello di Aristotele le opere hanno un inizio, una parte centrale e una fine: questa suddivisione potrebbe far sembrare il modello molto più semplice di quanto non sia in realtà. Infatti Aristotele ci insegna che queste sezioni rivestono ruoli distinti nel corso della narrazione. In questo paragrafo esploreremo il modello aristotelico, avvalendoci come esempio di *Cattedrale* di Raymond Carver.

Inizio

L'inizio di una storia deve assolvere a tre doveri: deve portare il lettore al centro dell'azione, deve fornire tutte le informazioni necessarie per comprendere la storia, e deve stabilire la Domanda Drammaturgica Principale.

Per prima cosa, quindi, l'inizio deve partire al momento giusto. La storia non deve cominciare quando non succede niente. Pensate quanto sarebbe noioso se un vostro amico vi raccontasse qualcosa di molto eccitante partendo da due giorni prima degli eventi. Dopo tutto, se vogliamo raccontare una storia è perché deve succedere qualcosa.

L'incipit di *Cattedrale* dice così:

> Questo cieco, un vecchio amico di mia moglie, stava arrivando da noi per trascorrervi la notte.

La storia non comincia qualche settimana prima, quando non c'era nessuno che stava arrivando.

Inoltre, cominciare in un momento di cambiamento significa che il lettore sentirà la necessità di conoscere le informazioni fondamentali sugli eventi e sui personaggi che reagiscono agli eventi. Bisogna stare molto attenti a non esagerare con le informazioni, il lettore non deve sapere tutto e subito: troppe spiegazioni rallentano la narrazione e possono annoiare o confondere.

Le descrizioni possono essere sviluppate anche in altre parti del racconto, il trucco è fornire solo le informazioni utili in quel particolare momento, e niente di più. Nei primi tempi è facile incorrere in errori, ma con l'esperienza saprete cosa dire al lettore, e quando dirlo.
Cattedrale è un racconto insolito perché nel suo lungo inizio fornisce molte descrizioni, ma si tratta di descrizioni utili. In primo luogo conosciamo il protagonista, che è anche il narratore e non ha un nome, fatto abbastanza interessante. Scopriamo che il protagonista ha una strana opinione dei ciechi, derivata dai film e dal fatto che «un cieco in casa non è il mio ideale». Veniamo a sapere che il cieco arriva in visita perché sua moglie è morta e lui è in zona per andare a trovare i parenti della defunta. Sappiamo anche che la moglie del narratore ha lavorato per il cieco (come il narratore continua a chiamarlo, anche se dopo apprendiamo che il suo nome è Robert) dieci anni prima, e che si sono tenuti in contatto anche quando lei ha divorziato dal primo marito e si è risposata.
Soprattutto, apprendiamo che il protagonista non è interessato a nulla di tutto ciò. Sua moglie, tempo addietro, gli ha mostrato una poesia che aveva scritto per il cieco, ma lui non pensava che fosse un granché. La moglie gli ha fatto ascoltare un nastro mandato dal cieco, e anche quando il narratore viene citato (o forse proprio per questo), non si mostra particolarmente interessato neanche a questo. Infatti quest'uomo sembra non avere interessi nella vita. Non ha amici, non gli interessano le poesie della moglie e non gli interessa la poesia in generale, ha un lavoro che non gli piace ma non ha altri progetti. Il suo passatempo è bere.
L'obiettivo del protagonista è molto strano, soprattutto se consideriamo "obiettivo" sinonimo di "ambizione", e lui non ne è cosciente. Lui non ha obiettivi, vuole solo proseguire nella sua inerzia, evitando tutte quelle esperienze che potrebbero cambiargli la vita. In questa storia, il suo obiettivo è messo a repentaglio dall'arrivo inatteso dell'ospite. La storia comincia quindi con un conflitto, perché il narratore è spaventato dall'arrivo del cieco e la sua ostilità diventa via via più seria, tanto da discuterne con la moglie:

> «Se mi ami» disse lei «puoi farlo per me. se non mi ami, allora okay. Ma se tu avessi un amico, un qualsiasi amico, e lui venisse a trovarti, lo metterei a suo agio».

A questo punto capiamo qual è la Domanda Drammaturgica Principale (ed è importante che questa sia stabilita il prima possibile), che viene ottimamente illustrata nelle elucubrazioni del protagonista a proposito del cieco.

> [Il cieco e sua moglie] si erano sposati, avevano vissuto e lavorato insieme, avevano dormito insieme – avevano fatto sesso, sicuramente – e poi il cieco aveva dovuto seppellirla. Tutto questo senza sapere che aspetto avesse quell'accidente di donna. Era una cosa al di là della mia comprensione. A sentire la storia provai dispiacere per il cieco. E poi mi trovai a pensare a

> che vita infelice doveva aver fatto quella donna... Una donna che doveva amare giorno dopo giorno senza mai ricevere il più piccolo complimento dal suo amato. Una donna il cui marito non poteva leggerle l'espressione del viso, fosse sofferente o no.

In questo passaggio, il narratore potrebbe facilmente aver descritto la sua relazione con la moglie, e il lettore inizia a vedere un parallelo tra il cieco e il narratore. Questa consapevolezza porta a domandarci: nel corso della storia il narratore cambierà in modo da poter "vedere" (o capire) sé stesso e la sua vita? Il lettore forse spera di sì, il narratore sicuramente spera di no. In ogni caso, da questo punto la storia può avere inizio.

Nonostante tutte queste responsabilità – cominciare *in medias res*, dare informazioni, stabilire la Domanda Drammaturgica Principale – l'inizio di solito è molto breve, più breve dell'inizio di *Cattedrale*. Il lettore non vuole perdere tempo, e le spiegazioni devono essere limitate. Il lettore vuole arrivare al cuore della storia, all'azione: in parole povere, alla parte centrale.

Parte centrale

Anche se in pratica inizio e parte centrale possono in qualche modo accavallarsi, come succede in *Cattedrale*, si tratta comunque di entità distinte. La parte centrale occupa molto più spazio, e contiene descrizioni aggiuntive, lo sviluppo dei personaggi e delle situazioni che abbiamo appreso all'inizio. È qui che si svolge il cuore della storia, a eccezione dell'apertura e della chiusura.

La parte centrale è soprattutto il momento in cui il percorso del protagonista incontra ostacoli apparentemente insormontabili, in cui le forze coalizzate contro di lui, o lei, appaiono invincibili e in cui il conflitto raggiunge l'apice. Alcuni scrittori disegnano addirittura un grafico della trama, rappresentando la tensione come una linea che cresce per poi calare alla fine.

Gli eventi non avvengono però a caso. Vale la pena sottolineare che il mondo narrativo è un mondo di causa-effetto. E. M. Forster ha detto che «La Regina muore e poi muore anche il Re» non è una trama, ma «La Regina muore e poi il Re muore di dolore» invece lo è, perché contiene causa ed effetto. Nell'universo narrativo le cose succedono come risultato delle azioni dei personaggi, e le azioni sono a loro volta risposte alle cose che accadono. Per questo motivo, gli eventi contenuti nella parte centrale di una storia devono essere nel giusto ordine.

In *Cattedrale*, la linea di confine tra inizio e parte centrale è piuttosto confusa, ma possiamo individuarla approssimativamente nel momento in cui il cieco arriva a casa del narratore. Ciò che segue è chiaramente una catena di eventi collegati fra loro: ogni mossa del protagonista provoca una risposta del cieco, che qui è l'antagonista (anche se amichevole).

La tensione e il conflitto crescono quando l'ospite comincia a esporsi. Il protagonista non sa come comportarsi, chiede al cieco quale posto

del treno abbia occupato, una domanda chiaramente inutile. A causa dei suoi pregiudizi sui ciechi il protagonista si stupisce del fatto che il suo ospite non indossi occhiali scuri, che abbia svolto vari lavori, che fumi, anche che porti la barba. Visto che il protagonista vuole evitare nuove esperienze, ora si trova nei guai, per tutta la serata il narratore riceve un mucchio di informazioni sul suo ospite, e viene ignorato da sua moglie. «Aspettavo invano di sentire il mio nome sulle dolci labbra di mia moglie» dice a un certo punto. In un certo senso è felice di essere lasciato da parte, ma è anche dispiaciuto. E comincia a diventare geloso per tutte le attenzioni ricevute dal cieco.
Il conflitto prosegue e aumenta quando la moglie del protagonista si addormenta lasciando i due uomini da soli. Quest'ultimo cerca di convincere il cieco ad andare a letto, ma Robert vuole restare sveglio per parlare con lui. Il protagonista cerca quindi il modo di sottrarsi: fuma un po' d'erba con il cieco, poi si siedono davanti alla tv.
Ma qualcosa sta per accadere. Il fascino di Robert comincia a contagiarlo, prova a sottrarsi facendo zapping ma poi, a sorpresa, ammette a sé stesso che è felice di quella situazione nuova, perché di solito guarda la tv e fuma erba da solo. Dopo aver inutilmente cercato qualche programma, si fermano a seguire una trasmissione che parla di chiese e cattedrali.
In questo momento il conflitto si sta sviluppando: il protagonista si rende conto che la sua vita è vuota, e prova curiosità e simpatia per Robert. Così gli chiede:

> «Hai idea di cosa sia una cattedrale?... Se qualcuno ti dice cattedrale, hai un'idea di cosa stia dicendo?».

Il cieco ammette di saperne poco a riguardo, e chiede al narratore di descrivergli cosa sta vedendo in TV. Il narratore fa del suo meglio: una parte di lui vuole fare un buon lavoro, anche se questo significa tradire il suo obiettivo. Tuttavia la sua limitatezza gli impedisce di spiegare bene cosa sia una cattedrale.

> «Devi perdonarmi» dissi «ma non so proprio spiegarti l'aspetto di una cattedrale. Non ce la faccio. Non riesco a fare meglio di così».

La lotta all'interno del narratore cresce al massimo livello. In un certo senso sta raggiungendo il suo obiettivo principale, ma in questo momento una parte di lui vorrebbe davvero riappropriarsi del senso della vita. Ma questo sviluppo non risponde alla Domanda Drammaturgica Principale. La domanda non chiedeva se lui volesse reinserirsi nel mondo, ma se sarebbe riuscito a farlo. Ricordate che è fondamentale che la storia risponda non a una domanda qualsiasi ma a quella principale. Per questo motivo, anche se il protagonista è cambiato, la storia non è finita.
Il cieco lo aiuta ad affrontare il conflitto, suggerendo al narratore di prendere carta e penna per disegnare insieme una cattedrale. Questo ci porta dritti a uno dei finali più belli della narrativa breve.

Il finale

La conclusione di un'opera dovrebbe essere la parte più breve, soprattutto nella narrativa contemporanea, ma è anche la parte in cui tutti i nodi devono venire al pettine.

Il finale segue uno schema chiamato delle 3 C: crisi, climax e conseguenze. La crisi è il punto in cui la tensione raggiunge il suo massimo, e il climax è il momento in cui la tensione esplode e otteniamo la risposta alla Domanda Drammaturgica Principale. Infine le conseguenze, anche se appena accennate, sono nell'ultimissima parte della storia. Anche *Cattedrale* segue questo schema.

Torniamo al narratore che prova a disegnare una cattedrale, con la mano del cieco sulla sua per fargli seguire i movimenti. È il momento della crisi, in cui il conflitto tra l'obiettivo originario del protagonista e tutti gli ostacoli diventa insopportabile.

> Per prima cosa disegnai un quadrato che sembrava una casa. Avrebbe potuto essere la casa in cui vivevo. Poi ci misi un tetto, e ai lati del tetto disegnai due campanili. Pazzesco.
> Ci sta provando, ma non ha ancora superato i suoi limiti, e c'è una concreta possibilità che non ce la faccia e torni alla sua vita di prima.
> Continuai. Non sono certo un artista, però continuai a disegnare lo stesso.

La moglie del narratore si sveglia, li vede e chiede cosa stia succedendo. È il momento di massima tensione, in cui può avvenire di tutto. Poi il cieco porta la storia al climax:

> «Adesso chiudi gli occhi» mi disse il cieco.

Gli sta chiedendo tutto. Chiudere gli occhi per sperimentare il mondo in modo diverso, vuol dire per lui *aprire* davvero gli occhi a una visione più ampia del mondo. Lui chiude gli occhi, ma cosa succede dentro di lui?

> Così continuammo. Le sue dita sulle mie mentre andavano su e giù sul foglio. Era una cosa diversa da tutte quelle che avevo fatto in vita mia.

Ed ecco il climax, il momento in cui arriva la risposta che aspettavamo. Ricordate la Domanda Drammaturgica Principale? Chiedeva se il narratore sarebbe cambiato, diventando una persona che *vede* veramente. La risposta arriva nelle ultime frasi, quando il cieco chiede al narratore di riaprire gli occhi:

> Ma io avevo gli occhi chiusi. Pensai di tenerli così ancora per un po', pensai fosse la cosa giusta.
> «Allora?» disse lui «Stai guardando?».
> Gli occhi erano ancora chiusi. Ero a casa mia. Lo sapevo. Ma era come se non fossi dentro a niente.
> «È davvero grandioso» dissi.

Questo finale può commuovere per il modo in cui presenta la risposta: "sì". Il narratore, forse per la prima volta nella sua vita, è completamente aperto, vede il mondo in un modo diverso e lo fa, paradossalmente, tenendo gli occhi chiusi.

Il climax contiene le conseguenze, anche se sono piuttosto implicite. Non abbiamo un cambiamento conclamato come, ad esempio, in *Canto di Natale* di Dickens, ma possiamo sospettare che le cose non saranno più le stesse. Come accade in molta della narrativa contemporanea, il lettore "sente" le conseguenze più che leggerle.
Si dice che un finale deve essere inevitabile ma inaspettato e, guardandoci indietro, questo è il solo finale che avrebbe avuto senso, ma quando accade è ugualmente una sorpresa. Pensate ai migliori gialli: alla fine ci accorgiamo che gli indizi erano sotto i nostri occhi, ma non li avevamo messi insieme. Adesso che sappiamo ciò che sappiamo, ci sembra ovvio.
In *Cattedrale*, la fine è certamente inattesa, ma se guardiamo dall'inizio alla fine, ci accorgiamo degli indizi di cambiamento disseminati nella storia: c'è l'invidia per le esperienze del cieco, la simpatia per la moglie del cieco, il piacere di stare da solo con l'ospite. Se ci guardiamo indietro, vediamo come le cose abbiano portato inevitabilmente alla conclusione inattesa.

Esercizio. Ritornate al personaggio creato per gli esercizi precedenti. Scrivete un'intera storia centrata sulla Domanda Drammaturgica Principale da voi creata. La storia deve avere inizio, parte centrale e un finale che includa crisi, climax e conseguenze. Un'altra cosa: la storia non deve superare le cinquecento parole. Se poi la storia vi piace, potete svilupparla con uno spazio maggiore.

APPLICARE LA STRUTTURA AI ROMANZI

Anche se abbiamo parlato di un racconto, *Cattedrale*, quello che abbiamo visto fin qui si adatta perfettamente anche ai romanzi. Anche i romanzi hanno bisogno di un inizio, di una parte centrale e di una fine, e queste tre sezioni hanno gli stessi ruoli che hanno nei racconti.
In *Orgoglio e pregiudizio* di Jane Austen, ad esempio, iniziamo nel bel mezzo di un evento interessante: lo scapolo benestante Mr. Bingley si trasferisce vicino ai Bennet, proprio quando la signora Bennet sta pensando di far sposare una delle sue figlie. A questo punto ci chiediamo subito «Elizabeth si sposerà?», ed ecco la Domanda Drammaturgica Principale. Poi c'è una parte centrale in cui i desideri della protagonista diventano più intensi ma incontrano molti ostacoli, e un finale in cui tutte le complicazioni spariscono, e abbiamo la risposta alla domanda cruciale: Elizabeth si sposa.
Tuttavia, tra romanzi e racconto ci sono differenze di struttura che vale la pena di affrontare.
Prima di tutto, anche se un romanzo segue la stessa struttura di un racconto, la durata delle tre parti cambierà in una certa misura. Ad esempio, l'inizio di un romanzo può occupare un intero capitolo o anche più, in

modo da fornirci con completezza tutte le informazioni necessarie. In un romanzo c'è bisogno di sapere molto di più sui personaggi e sul loro mondo, ed è bene partire subito con una buona dose di notizie.
Le stesse differenze riguardano il finale. In alcuni casi, come in *Orgoglio e pregiudizio*, la fine porta con sé anche le conseguenze, e ci racconta nei particolari e in modo rilassato come sono finite le cose. Nella narrativa contemporanea questo sistema è ancora possibile ma molto meno usato – *La valle dell'Eden* scioglie i dubbi solo con l'ultimissima frase.
Bisogna tenere presente che, se in un racconto la parte centrale occupa la gran parte della storia, in un romanzo la parte centrale occupa una parte di gran lunga superiore alle altre due messe insieme. Questo vuol dire maggior spazio per gli sviluppi: ogni frase deve portare avanti la vicenda, e far crescere la tensione. Se lo scioglimento della tensione è potente dopo 10 pagine, immaginate cosa può essere dopo 300 pagine e oltre.

Sottotrame
Un'altra differenza tra romanzi e racconto è che la lunghezza dei primi permette una trama più complessa, ricca di avvenimenti e personaggi. Tutto questo apre la porta alla possibilità di una sottotrama. La sottotrama è una trama che prosegue parallelamente alla trama principale, e può riguardare anche un personaggio che non sia il protagonista, o un argomento diverso da quello principale, con il quale però deve mantenere una certa relazione. Infatti la sottotrama esiste solo perché ha una qualche rilevanza per la trama principale, perché permette di esplorarla o commentarla approfonditamente. In *Rosie* di Anne Lamott, sia la protagonista che sua madre imparano a relazionarsi con il mondo, anche se risulta pericoloso e sgradevole. In *Orgoglio e pregiudizio*, il matrimonio tra Elizabeth e Darcy non è l'unico che deve essere portato a termine.
A volte la sottotrama comporta un contrasto. In *Anna Karenina* di Tolstoj troviamo un contrasto tra il destino di Anna e quello di Levin: una è condannata, l'altro è salvo. In *David Copperfield*, la caduta di Uriah Heep è un evento necessario per il lieto fine di David.
Una delle conseguenze naturali delle sottotrame è che il romanzo spesso si trova ad avere più di un climax. Per esempio, Uriah Heep perde prima che David Copperfield vinca: entrambi i momenti sono emozionanti, ma il secondo lo è molto di più. Mentre la Domanda Drammaturgica Principale deve aspettare fino alla fine per trovare una risposta, altre domande possono essere affrontate lungo la strada che conduce alla risoluzione finale (d'altronde, se si chiama "principale" e non "unica", un motivo c'è).
La sottotrama non è comunque indispensabile. In un libro come *Il giovane Holden*, la sottotrama distruggerebbe l'intensità dell'attenzione rivolta a Holden. Quando si affronta un romanzo bisogna chiedersi se

concentrarsi unicamente sulla trama principale e sul protagonista, o se creare altre situazioni per gli altri personaggi e le loro vicissitudini.

COME EMERGE LA TRAMA

Forse a questo punto sarete in preda al panico e vi starete chiedendo «Ma davvero devo essere in grado di creare una Domanda Drammaturgica Principale, soddisfare tutti i requisiti delle sezioni aristoteliche e lavorare su tutti i dettagli della mia trama prima di iniziare a scrivere?».
Fortunatamente per tutti noi, la risposta è "no".
Forse avrete idee precise su cosa scrivere. Forse fate parte di quella categoria di scrittori che prima di scrivere programmano e scalettano tutto. Ma se non siete fatti così non dovete preoccuparvi. Siete in buona compagnia. Per molti scrittori, la prima stesura è quella in cui l'ispirazione corre a briglia sciolta, e la trama emerge strada facendo, nel corso di numerose revisioni. Non è importante il punto in cui emerge, l'importante è che emerga.
Torniamo per un attimo alla stesura che avevo portato con me al corso di scrittura creativa. Anche se la mia insegnante mi aveva consigliato di tagliare metà di quello che avevo scritto, aveva anche detto che il mio lavoro non era stato inutile. Tutte quelle scene senza costrutto mi erano servite per conoscere meglio i miei personaggi, quindi quel lavoro era servito. Dopo tutto la trama è inseparabile dai personaggi. È difficile dire quale dei due elementi arrivi per primo, ma molto spesso uno contiene in embrione anche l'altro. Forse avete in mente un protagonista affascinante. Bene, ciò che vi affascina probabilmente riguarda il suo obiettivo, e quindi la Domanda Drammaturgica Principale, e quindi la trama. O forse avete una grande domanda, che diventa interessante solo se collegata a qualcuno in particolare.

Esercizio. Prendete uno dei personaggi usati negli esercizi del secondo capitolo. Trovate una Domanda Drammaturgica per questa persona, cercandola in quello che avete scritto su di lui/lei. Lui o lei probabilmente nasconde già la domanda e forse anche la risposta.

È piuttosto comune basare la Domanda Drammaturgica Principale sul climax, sia che esso sia stato programmato in partenza, sia che nasca strada facendo. L'importante è leggere più volte che potete la storia, finché non vedete emergere la domanda.

Esercizio. Immaginate questa scena come il climax di una storia: una persona sta correndo tra la folla di un posto caotico – Times Square, Pamplona durante la corsa dei tori, La Mecca durante un pellegrinaggio... Decidete dove sta andando il personaggio e perché, tenendo a mente che questo è il climax. Adesso scrivete una storia che sia orientata a questo climax. Siete liberi di rubare un personaggio già usato negli altri esercizi. Scrivete tanto o poco, come preferite, ma anche se scrivete una sola frase, deve essere orientata verso il vostro obiettivo.

Una volta trovata la domanda, dovreste iniziare a considerare l'idea di scrivere una scaletta. So che per alcuni può sembrare una seccatura, qualcosa che soffoca l'impeto creativo, ma molti scrittori, a un certo punto – prima della prima stesura, o dopo poche stesure – sentono la necessità di una scaletta. Questo vale specialmente per i romanzi che, per le loro caratteristiche, rischiano di diventare ingovernabili se non si trova un buon appiglio al momento giusto. Le scalette permettono agli scrittori di suddividere le loro creature in parti cruciali, di individuare i punti in cui la tensione deve aumentare e in cui devono avvenire la crisi e il climax.

Se l'idea vi piace, iniziate a suddividere la vostra storia in inizio, parte centrale e fine, e pensate ai dettagli di ciascuna sezione: dove deve iniziare il racconto? Qual è la Domanda Drammaturgica Principale? Quali spiegazioni e descrizioni saranno necessarie nella parte centrale? Quale conflitto incontrerà il protagonista, e come si svilupperà? Quali sono crisi, climax e conseguenze? Sono nel giusto ordine?

Un altro modo per iniziare è scrivere tutti gli eventi che volete includere nella vostra opera, assicurandovi che ognuno offra possibilità di conflitto, poi mettete in ordine questi eventi controllando che a ogni passo il conflitto aumenti.

L'obiettivo è quello di capire se gli elementi di una storia sono giusti, e se sono nel giusto ordine. Non dovete attenervi strettamente alla vostra scaletta – cambierete spesso idea nel corso del lavoro – ma se la vedete come un tentativo di darvi delle linee guida, sarà senz'altro utile.

> **Esercizio.** Scrivete una scaletta per un romanzo o un racconto, strutturata come segue: la storia deve aprirsi con un viaggio del protagonista. Decidete voi la destinazione, va bene sia il negozio all'angolo della strada che l'altro capo dell'universo, ma la storia deve finire quando il personaggio arriva a destinazione o ritorna al punto di partenza. La scaletta deve indicare chiaramente l'inizio, la parte centrale e la fine con crisi, climax e conseguenze. Non preoccupatevi che tutto sia perfetto e non sentitevi obbligati a rispettare la scaletta. Quando viaggiamo, non sempre seguiamo l'itinerario programmato.

FORMA VS. FORMULA

Parlare di trama in questa maniera spesso scoraggia gli scrittori. Modelli strutturali, grafici, scalette e così via fanno sembrare la scrittura qualcosa di simile a inserire i numeri in una formula. E difatti, anche se scrivere narrativa non ha niente a che vedere con le formule, è un buon modo per comprendere i requisiti della forma. Non c'è un vero conflitto tra la forma e la natura libera dell'impulso creativo.

E. M. Forster ha detto una volta che ci sono solo due trame in tutta la narrativa: «qualcuno parte per un viaggio», o «uno straniero arriva in città». Questa (discutibile) teoria spiega che le storie sono guidate dalle azioni dei personaggi, e ruotano attorno a qualche cambiamento importante.

Non si tratta comunque di una semplificazione? Non proprio: in questo capitolo abbiamo affrontato in molti modi differenti la storia di "qualcuno che parte per un viaggio", da *David Copperfield* a *Per chi suona la campana* e *Il giovane Holden*, e potremmo arrivare fino all'*Odissea*. E per "uno straniero arriva in città" possiamo citare *Orgoglio e pregiudizio* ma anche *Cattedrale*. Le forme basilari forse sono poche, ma le variazioni infinite.

Ci sono anche numerosi casi di opere di successo in cui lo standard di una narrazione non è stato rispettato. Prima di tutto, non sempre gli eventi sono presentati in ordine cronologico. Ne *L'urlo e il furore*, Faulkner usa il tempo lineare solo in alcuni casi. Nel primo capitolo, in cui la mente di Benjy è un continuo flusso di associazioni, noi conosciamo gli eventi presenti simultaneamente a quelli delle settimane, dei mesi e degli anni precedenti.

Gli scrittori sperimentano sempre nuove strutture. Il racconto *Quanto pesano i fantasmi* di Tim O'Brien è strutturato attorno a una lunga lista di cose portate da un gruppo di soldati in Vietnam.

Tuttavia, anche se queste storie non sono tradizionali in termini di forma, seguono comunque la struttura standard della trama, con inizio, parte centrale e fine, personaggi, Domanda Drammaturgica Principale e così via. Anche Jean Paul Sartre, la cui filosofia esistenzialista sembra rifiutare ogni tipo di convenzione, non può fare a meno del conflitto e del cambiamento per il protagonista del suo romanzo *La nausea*.

Anche se cerchiamo di evitare la trama, quando raccontiamo una storia la creiamo comunque. E probabilmente è un bene.

Capitolo quarto

IL PUNTO DI VISTA: UN MENU COMPLETO

di Valerie Vogrin

Quando guardo una mia foto in cui sono ritratta da grande distanza, vedo una caricatura, con le sopracciglia troppo alte e il mento storto. Quando mia madre mi guarda, rivede sé stessa da giovane. Quando mio marito mi fissa, vede un grande sorriso, due occhi brillanti e dodici anni di vita passati assieme. Da un elicottero, io sono solo una formica che attraversa la strada. Quello che mi fa diventare di volta in volta divertente, pungente, bella o insignificante è il punto di vista. Il punto di vista (che chiameremo pdv) ha la stessa importanza nella scrittura.
Pensate a una storia che parli di un triangolo amoroso. Immaginate come sarebbe questa storia se fosse raccontata dal punto di vista del marito, lasciato da solo con il figlioletto nel giorno del Ringraziamento mentre sua moglie fugge con il suo amante nel Vermont. Come sarebbe la stessa storia raccontata dal punto di vista della moglie infedele? Potremmo venire a sapere che il marito non la fa sentire amata, o non le dice una parola da quattro anni, da quando lei era al sesto mese di gravidanza. La storia potrebbe anche essere raccontata dal punto di vista dell'amante, un giovane che cerca disperatamente qualcuno a cui appoggiarsi. E come sarebbe la storia se fosse raccontata dal punto di vista del figlio piccolo o di un investigatore privato assunto dal marito per seguire la moglie?
Il punto di vista scelto per il vostro racconto o per il vostro romanzo sarà la cosa che influenzerà maggiormente il modo in cui i lettori reagiranno emotivamente ai personaggi e alle loro azioni.
La scelta del punto di vista influenzerà anche altri elementi, come il tono e l'argomento. A seconda di chi la narra, la storia di questo triangolo amoroso può essere crudele, caustica, malinconica o amara. Il tema della storia potrà essere l'impossibilità di essere fedeli, la sacralità del vincolo matrimoniale, la fine dell'amore, la volubilità delle donne, la perfidia degli uomini e così via. Tutto dipende dal punto di vista scelto dall'autore. Questo è il potere del pdv.
Il pdv è il mio argomento preferito, mi piace il fatto che ci siano tante variabili da considerare. Apprezzo anche che il pdv sia basato su un concetto molto semplice: le cose sembrano diverse a seconda di chi le

racconta e di quali sono i suoi interessi. Il punto di vista, come un microscopio o un telescopio, può rivelare cose che di solito sono invisibili. Ma è anche qualcosa a cui molti scrittori danno poca importanza. E fanno male.

Il pdv va affrontato rispondendo alle seguenti domande:

Chi sta parlando, un narratore esterno o un personaggio?

A chi appartengono gli occhi che osservano lo svolgimento della storia?

A quali pensieri ha accesso il lettore?

Da che distanza sono visti gli avvenimenti?

Ci sono infiniti modi di rispondere a queste domande, e per questo il pdv è un argomento molto complesso. È come quando entrate in un ristorante per la prima volta. Avete fame, non conoscete la cucina e il cameriere vi porta un menu ricco di possibilità culinarie. A uno scrittore alle prime armi tutte queste possibilità possono apparire eccessive e sconcertanti. Poi, come contorno, vedono qualcosa chiamato "terza persona con visione multipla".

Questa è una delle ragioni per cui alcuni scrittori scelgono nel menu la prima cosa che sembra loro familiare. Invece sarebbe meglio perdere un po' più di tempo nella scelta. In questo caso io rappresenterò il cameriere perfetto, che vi guida attraverso il menu e vi aiuta a fare scelte ragionate.

PRIMA PERSONA

Una storia in prima persona è narrata da un personaggio, di solito il protagonista. Questo vuol dire che il narratore racconta direttamente quello che gli è accaduto, usando la prima persona "Io". Se la storia parla di un crimine, il narratore è sulla scena del delitto. Quando le auto della polizia arrivano a sirene spiegate, il narratore può essere in piedi, in una pozza di sangue, brandendo un pugnale, oppure può spiare la scena dalla finestra di un appartamento di fronte. Il narratore è il testimone della storia, ed è attraverso di lui che il lettore percepisce la storia. I cinque sensi del narratore diventano anche quelli del lettore.

> Vidi mia moglie che rideva mentre parcheggiava l'auto. La vidi scendere e chiudere la portiera. Sorrideva ancora. Incredibile. Andò dall'altra parte dell'auto dove il cieco stava già cominciando a scendere. Il cieco, provate a immaginare, portava una grande barba! Una barba sulla faccia di un cieco! Questo è troppo, dico io.

Come si può vedere in questo esempio tratto da *Cattedrale*, il narratore non si limita solo a osservare, ma ci spiega anche cosa pensa.

Adesso vediamo questa narratrice in prima persona dal racconto *Weight* di Margareth Atwood che ci racconta cosa pensa e come si sente:

> Sto prendendo peso. Non sto diventando più grassa, solo più pesante. Questo non cambia il mio aspetto: tecnicamente sono la stessa. I miei vestiti mi vanno ancora bene, alla faccia di chi ti dice che il grasso occupa più spazio dei muscoli. La pesantezza che sento è l'energia che brucio nella mia

> vita: per la strada, sulle scale, nel corso della giornata. È la pressione sui miei piedi. È la densità delle cellule, come se avessi bevuto metallo pesante.

Non c'è nessuna barriera tra la coscienza del personaggio e il lettore. Quando scrivete in prima persona, parlate tramite la voce – e quindi le parole e il tono – del personaggio. Gli scrittori spesso creano voci memorabili grazie alla prima persona.

Il narratore in prima persona può anche usare il lettore come confidente, rivolgendosi direttamente a lui. Ho fatto così nel racconto *Who can say otherwise?*, in cui una adolescente racconta la sgradevole storia della sua relazione con una rock star di mezza età:

> Te lo racconto così puoi saperlo anche tu, così posso provare a spiegarti tutto. Vedrai le fotografie sui tabloid e dirai «Ma lei non è niente di speciale!» e a proposito di lui, che sembra un po' meno dissoluto, ma con la solita faccia sciupata e famosa, potrai chiederti «Cos'ha che non va quest'uomo?». Sto scrivendo in previsione di tutto questo.

A volte il narratore si rivolge a qualcuno in particolare. Per esempio, il narratore de *Il lamento di Portnoy*, racconta la sua storia ad uno psicanalista. Il narratore può anche raccontare a sé stesso in forma di diario, come accade ne *Il diario di Bridget Jones* di Helen Fielding. *Età di ferro* di J. M. Coetzee è composto da una lunga lettera scritta da una madre a sua figlia.

Anche se questo tipo di cose non sono necessarie, può comunque essere d'aiuto immaginare a chi si sta rivolgendo il narratore.

Il grande pregio della prima persona è il senso di intimità: lo scrittore può mettere il lettore nei panni del narratore e catapultarlo dentro la storia. Inoltre, la voce del narratore può raccontare molti particolari su di lui.

Ma il pdv della prima persona rappresenta anche una sfida con molte difficoltà. Lo scrittore è bloccato sul narratore, così come il lettore. Potete lavorare con le osservazioni e i pensieri di un solo personaggio, non siete liberi di spaziare dovunque, fisicamente o mentalmente, se non lo fa anche il narratore.

Dovete anche limitarvi all'intelligenza e al vocabolario del narratore. Mettiamo che la vostra storia parli di una ragazzina di undici anni che vuole passare l'estate a New Orleans con la madre, nonostante suo padre, un noto avvocato di Washington, non voglia lasciarla andare. La ragazza è in grado di raccontare la sua storia, è abbastanza matura? Riuscirà a spiegare al lettore il rapporto tra i suoi genitori divorziati? Le sue osservazioni riusciranno a catturare l'attenzione? Dopo tutto, alcune undicenni sarebbero eccellenti compagne di viaggio, ma altre farebbero venire voglia di saltare giù dal treno alla prima fermata.

Esercizio. Mettetevi nei panni di qualcuno. Scrivete un brano in prima persona dal punto di vista di un personaggio che si reca all'ufficio postale per spedire una lettera di un certo contenuto – vuole rompere con qualcuno, confessare qualcosa di sgradevole e così via... Poi prendete un altro personaggio che si reca anche lui all'ufficio postale per ricevere una lettera dello stesso tipo e scrivete in prima persona dal suo punto di vista. Questi personaggi possono avere le caratteristiche che preferite, l'importante è che siano di sesso opposto e di età differente. Ricordate che dovete scrivere in prima persona, quindi dovete identificarvi nei personaggi e raccontare le cose come lo farebbero loro.

PRIMA PERSONA: VISIONE MULTIPLA

A volte è possibile mantenere la narrazione in prima persona, ma usare più di un narratore. Nei racconti questa è una soluzione piuttosto rischiosa perché mette a repentaglio la coerenza della storia, ma un romanziere, che ha a disposizione molto spazio, può decidere che la sua storia sarà più efficace se verrà narrata da più di un testimone.
Nel romanzo *Il dolce domani*, Russell Banks usa quattro narratori in prima persona per raccontare la stessa storia, quella di un tragico incidente capitato a uno scuolabus: i narratori sono l'autista del bus, il padre di due bambini morti nell'incidente, un avvocato che spera di essere assunto da qualche parente delle vittime e un'adolescente rimasta paralizzata nell'incidente.
Ogni personaggio racconta la propria storia, il libro è diviso in sezioni distinte in cui i personaggi presentano la propria versione dei fatti. Il lettore ascolta la versione di Billy Ansel, il giovane padre:

> E poi c'era la gente che voleva credere che l'incidente non fosse realmente un incidente, ma che fosse *causato* da qualcosa, e che di conseguenza fosse *colpa* di qualcuno... Naturalmente gli avvocati fomentavano questi discorsi. Sembravano squali che nuotavano tra Albany e New York... infilando i loro biglietti da visita nelle tasche dei parenti all'uscita dal cimitero, e dando vita a una nuova parte della storia: la causa legale e tutta la rabbia e l'avidità di cui sono capaci a volte le persone.

Il lettore può pensare che l'avvocato Mitchell Stephens sia un avvoltoio, ma forse c'è di più:

> Le persone pensano immediatamente che siamo avidi, che pensiamo solo ai soldi, la gente ci chiama "cacciatori di ambulanze" e così via. Ma la verità, quella vera, è che noi ci comportiamo allo stesso modo per uno scellino o per dieci milioni di dollari. Perché è la rabbia che ci guida.

Ma Nichole Burnell, la ragazzina rimasta paralizzata, che avrebbe tutte le ragioni per essere in collera, si comporta diversamente:

> Non era giusto – essere vivi, avere sempre persone che si preoccupano, e poi escono per assumere un avvocato, non era giusto... Non se io fossi, come dicono, davvero fortunata... Mamma e papà non si sono fatti fermare. Questo signor Stephens li ha convinti che potevano ricevere milioni di dollari dallo Stato di New York e forse un altro milione dalla città di Sam Dent.

> Papà ha detto che erano assicurati per qualsiasi cosa; non vuole togliere soldi a nessuno, ha continuato a dire, ma mi ha innervosito lo stesso.

Banks forza il lettore a partecipare alla storia, per decifrare le somiglianze e le differenze tra le varie versioni. Chi dice la verità? Quali sono le motivazioni nobili?
Una variazione sul tema del pdv multiplo in prima persona è rappresentata dalla tecnica epistolare: la storia è narrata attraverso uno scambio di lettere tra i personaggi. Anche se questa tecnica era diffusa nei secoli scorsi, in romanzi come *Pamela* e *Le relazioni pericolose*, a volte torna ancora nella narrativa contemporanea. Un esempio recente è la trilogia *Griffin e Sabine* di Nick Bantock.
In rare occasioni, come nel racconto di Faulkner *Una rosa per Emily*, si può trovare la prima persona plurale, dove *noi* è usato al posto di *io*.
Il pdv multiplo in prima persona causa un forte coinvolgimento intellettivo del lettore, perché non gli permette di sedersi e sentirsi dire cosa deve provare e pensare. Il lettore deve mettere insieme tutti i frammenti, in un'esperienza che può essere appassionante.
Si può scegliere questa tecnica per un romanzo se i personaggi hanno prospettive differenti e volete che sia il lettore a trarre le conclusioni. Di certo c'è il rischio di perdere di vista il protagonista, se il lettore è costretto ad andare avanti e indietro nelle teste di tanti personaggi.

PRIMA PERSONA PERIFERICA

Di solito il narratore in prima persona è il protagonista, ma si può decidere che il narratore sia un altro personaggio. Un famoso esempio di narratore periferico si trova ne *Il grande Gatsby* di Scott Fitzgerald, il cui narratore Nick Carraway racconta la storia del protagonista, Jay Gatsby. Il compito primario di Nick è quello di osservare e riportare le vicende, come fa qui:

> E quando mi misi a sedere, meditando sul vecchio mondo sconosciuto, pensai alla meraviglia di Gatsby quando aveva capito di poter conquistare Daisy. Aveva percorso così tanta strada e adesso i suoi sogni gli erano sembrati così vicini che non poteva non afferrarli.

Il punto di vista periferico è utile quando il protagonista non ha consapevolezza delle proprie azioni, ed è quindi più interessante se a osservarle è un altro personaggio.
Mettiamo il caso che vogliate scrivere la storia di un matrimonio fallito in cui entrambi gli sposi ritengono di essere la parte lesa: in questa storia i coniugi sono intrappolati nella loro visione delle cose, impossibilitati a vedere la verità. Perciò è meglio scegliere come narratore qualcuno che sia capace di osservare le cose da tutte le angolazioni, come ad esempio il figlio adolescente della coppia. Non c'è niente che possa fare per aiutare i suoi genitori, può solo guardare e imparare, ed è quindi periferico.

La maggiore difficoltà sta nel fatto che il narratore deve parlare del protagonista senza avere accesso ai suoi pensieri e senza poterlo seguire passo dopo passo. Nick non è l'ombra di Gatsby. Gli scrittori spesso danno sfogo alla loro creatività per risolvere questo problema, come fa Fitzgerald quando usa Jordan (la ragazza di Nick) per raccontare la storia d'amore tra Daisy e Gatsby.

LA PRIMA PERSONA INATTENDIBILE

In un certo senso tutti i narratori sono inattendibili. Anche il personaggio più scrupoloso, forse inconsciamente, può nascondere una parte della verità o mostrare solo quei fatti in cui fa una figura migliore. Il fratello di una ragazza fuggita di casa può nascondere la sua parte di responsabilità nell'infelicità della sorella. Anche un brav'uomo come Nick Carraway può manipolare la realtà.
In ogni caso, se il narratore è, per esempio, una persona autistica, un bambino molto piccolo, uno psicopatico, un animale, un innamorato geloso o un bugiardo abituale, il lettore capisce che le abituali regole di decodifica perdono valore: questo tipo di narratore ha grandi limitazioni e non bisogna credere alla sua versione dei fatti.
Il lettore capisce dopo poche frasi che il narratore de *Il cuore rivelatore* di E. A. Poe è un folle, anche se lui prova a convincerci del contrario:

> Questo è vero, sono un uomo nervoso, spaventosamente nervoso, e lo sono sempre stato; ma perché pretendete che sono pazzo? La malattia mi ha reso i sensi più acuti – mica me li ha distrutti – logorati. E già avevo l'udito finissimo, e tutto ho sentito del cielo e della terra. Anche dell'inferno ho sentito parecchio.

Nel racconto di Poe la pazzia del narratore lascia il lettore interdetto, impossibilitato a distinguere tra le illusioni del protagonista e la realtà. L'inattendibilità del narratore aggiunge alla storia un effetto di turbamento. Il narratore inattendibile, che viene usato molto spesso dagli scrittori contemporanei, dà risalto alla questione filosofica secondo cui niente ha un'unica realtà vera e comprensibile.
Usare un narratore inattendibile porta lo scrittore a creare due versioni della verità, una sfida nella sfida. Ma se il pdv è gestito bene, il risultato può essere molto intrigante.

Esercizio. Scrivete un brano dal pdv di un narratore inattendibile che travisa i fatti, intenzionalmente o meno. Per esempio, cosa potrebbe dire un ragazzino a proposito degli ospiti di un party a casa dei suoi genitori? Quali conclusioni sbagliate potrebbe trarre sui loro comportamenti o sulle loro discussioni? Le sue opinioni potrebbero arrivare alla cruda verità? Se invece preferite personaggi ingannevoli o allucinati fate pure. Chiunque scegliate, fate in modo che il lettore capisca la sua inattendibilità.

TERZA PERSONA: PUNTO DI VISTA SINGOLO

Con il pdv in terza persona il narratore non è un personaggio della storia, ma una voce creata dall'autore per raccontare la storia. La terza persona usa numerose variazioni sul tema con definizioni complicate. Niente paura. Queste variazioni non sono poi così difficili, e le affronteremo una per una.

Probabilmente la versione più usata della terza persona è il punto di vista singolo. Con questo pdv il narratore ha accesso ai pensieri di un solo personaggio. Perciò la storia è vista dal lettore attraverso gli occhi di un singolo personaggio. La storia è raccontata *dal* narratore ma *dalla prospettiva* di un protagonista. Il personaggio dal cui punto di vista viene raccontata la storia e attraverso cui sono filtrati gli eventi può essere chiamato personaggio-pdv.

Il narratore può rimanere attaccato al personaggio-pdv raccontandone ogni pensiero e ogni azione, ma può anche mantenersi a una certa distanza. Questo accorgimento può creare un effetto ironico o comico, come accade in *Jim il fortunato* di Kingsley Amis con questa descrizione di un uomo che reagisce a uno scherzo del suo superiore:

> [Dixon] provò a modificare la sua espressione in una specie di sorriso. Mentalmente, tuttavia, faceva una faccia molto diversa e prometteva a sé stesso che l'avrebbe fatta davvero non appena fosse stato da solo. Avrebbe portato il labbro inferiore sotto l'arcata dentale superiore ritraendo il mento il più possibile, tutto questo mentre avrebbe dilatato occhi e narici. In questo modo, ne era certo, avrebbe causato un forte e inquietante rossore sul suo viso.

La terza persona presenta molti vantaggi analoghi alla prima persona (il lettore entra in empatia con il personaggio-pdv anche più di quanto farebbe con un narratore in prima persona) e in più consente allo scrittore di lavorare sul linguaggio in modi che non sarebbero possibili se a parlare fosse un narratore in prima persona. Anche se il narratore è una versione narrativizzata di voi stessi, la terza persona permetterà di evitare il rischio di eccessiva indulgenza.

Il punto di vista singolo è l'ideale se il personaggio-pdv è qualcuno con limitate capacità intellettuali o linguistiche. Per esempio, cosa accadrebbe se la ragazzina che vuole andare in vacanza con la madre a New Orleans fosse autistica? Anche se riuscisse a essere percettiva, non potrebbe raccontare la propria storia se non ha le parole per descrivere il suo mondo. La stessa cosa accadrebbe con un personaggio dalla cultura limitata.

Non importa se è un personaggio brillante, un narratore con maggiore capacità linguistica potrà mostrare la sagacia del personaggio meglio di quanto farebbe il personaggio stesso. Il punto debole di questo pdv, forse l'unico, è che il personaggio-pdv deve essere presente a tutti gli eventi della storia, proprio come un narratore in prima persona. Se il personaggio ascolta una conversazione può riferirla al lettore, ma se la conversazione avviene lontano, il personaggio è tagliato fuori.

> **Esercizio.** Immaginate un incidente in un supermercato in cui un commesso e un cliente litigano per qualcosa – taccheggiamento, maleducazione, motivazioni razziali... Usando il punto di vista singolo in terza persona, scrivete un brano in cui descrivete il litigio attraverso gli occhi del cliente. Ricordate che potete includere anche i pensieri del personaggio.

TERZA PERSONA: PUNTO DI VISTA MULTIPLO

Come accade con la prima persona, uno scrittore che usa la terza persona può decidere che due o più teste siano meglio di una. Il pdv multiplo permette di raccontare la storia da angolazioni diverse.

Questo pdv è usato prevalentemente nei romanzi: in un'opera più breve non c'è spazio per sviluppare diversi personaggi-pdv perché il lettore ha bisogno di conoscere bene queste persone per dare un senso a ciò che fanno e pensano.

In *The Watch*, romanzo breve di Rick Bass, il pdv appartiene a tre personaggi: Hollingsworth, un negoziante di mezza età, suo fratello di settantasette anni Buzbee, che è scappato per vivere su un albero, e Jesse, un ciclista. I seguenti paragrafi descrivono due di questi tre personaggi:

> Hollingsworth si sedette sui talloni ed ebbe un fremito quando Jesse e gli altri passarono, e nel momento in cui Jesse entrò nel negozio era così grande la voglia di Hollingsworth di accendersi una sigaretta [...] che prese due sigarette e accese la terza e sbuffò quando Jesse finì la sua Coke e tornò indietro, gettò la bottiglia vuota, salutò e corse fuori, con i polpacci e i tendini che andavano su e giù sotto la pelle come cose intrappolate in un sacco.

> La prima cosa che Jesse faceva di mattina appena sveglio era guardare il cielo e poi sentire il vento, attraversando il portico, nudo. Se non c'era vento, sarebbe stato in pace con sé stesso. Se il vento c'era – anche l'alito più leggero sulle sue caviglie lisce, sulle sue ginocchia tornite – avrebbe aggrottato la fronte in una smorfia, e sarebbe andato a farsi un caffè.

Entrambi i personaggi hanno una vita interiore, ma Hollingsworth dirige i suoi pensieri all'esterno: cerca compagnia, e in un altro momento del libro lo vediamo inventarsi i nomi per gli altri corridori del gruppo di Jesse. Jesse, dal canto suo, è troppo preso da sé: il vento non esiste se non come elemento che può condizionare la sua corsa ogni giorno. Queste sono mie conclusioni da lettore, conclusioni che Bass mi aiuta a trarre. Come regola generale dovete evidenziare il passaggio da un pdv all'altro, il lettore deve sempre capire attraverso quali occhi sta guardando la storia. Rick Bass non cambia pdv a metà di un paragrafo, e usa spazi bianchi per segnalare al lettore la transizione. I romanzieri spesso effettuano il passaggio al cambio di capitolo, e ogni capitolo appartiene a un singolo personaggio.

Molti romanzi famosi usano la tecnica dei punti di vista alternati. A volte i pdv occupano spazio uguale, ma in alcuni casi un libro può essere dominato da un personaggio con cambi occasionali verso un pdv alternativo.

In *Two Novels in One About a Marriage in Transition* di Carol Shields, il cambio di pdv tra marito e moglie è impossibile da ignorare – il lettore deve girare il libro per leggere la seconda metà, e Shields non dà indicazioni su quale parte vada letta prima. La decisione è letteralmente nelle mani del lettore.

Quando scegliete di affidarvi al punto di vista multiplo, dovete assicurarvi che i vari personaggi siano diversi fra loro: non ha senso se tutti i personaggi vedono il mondo allo stesso modo.

Come succede per la prima persona, la flessibilità guadagnata si ripercuote sull'attenzione verso il protagonista, ma questo può essere visto come un vantaggio. Il lettore può essere catturato in maniera più efficace se deve egli stesso trarre le conclusioni a seconda di come i pensieri di personaggi differenti si contraddicano o confermino a vicenda.

Potete mostrare, ad esempio, quanto sarebbe disastroso per un personaggio "simpatetico" se i desideri di un altro personaggio "simpatetico" venissero realizzati. Spieghiamoci con un esempio.

Per prima cosa presentate Lily, una giovane vedova che è il personaggio a cui appartiene il pdv. Mostrate al lettore quanto è disperata e quante difficoltà incontra per essere una buona madre, e spiegate che fortuna sarebbe per lei essere assunta in una lavanderia, un lavoro che le permetterebbe di tenere con lei il suo bambino (il bambino, dimenticavo, ha una rara malattia degenerativa che può essere curata solo in un ospedale lontano centinaia di miglia).

Nel capitolo successivo presentate il pdv di un secondo personaggio, Jack, che da poco ha perso una mano in un incidente sul lavoro. È indietro con il pagamento delle rate per la sua auto, e cerca di racimolare i soldi per sfamare il suo adorato cane.

Inevitabilmente, nel corso della storia, Jack cerca di avere lo stesso posto di Lily, perché vorrebbe restare in città e questo è un lavoro che potrebbe svolgere anche con una mano sola mentre impara ad usare la protesi.

Adesso avete messo il lettore in una situazione spinosa. Per chi deve parteggiare? Quale di queste anime in pena ha maggiormente bisogno di aiuto? Il punto di vista multiplo aggiunge alla storia quel tipo di complessità che rispecchia il modo in cui le nostre vite si intrecciano e le nostre simpatie si dividono.

Esercizio. Ritornate all'esercizio precedente, quello con il litigio al supermercato. Scrivete un brano sullo stesso incidente dal punto di vista del commesso. Poi scrivete un altro brano, sempre sullo stesso incidente, dal punto di vista di un passante. Adesso avete lo stesso incidente visto da tra personaggi differenti: qual è la versione più interessante?

TERZA PERSONA ONNISCIENTE

Pensate a Zeus in cima al monte Olimpo, l'archetipo della divinità che guarda dall'alto e vede tutto. Onniscienza vuol dire sapere tutto, ed è esattamente così lo scrittore: lo scrittore deve sapere sempre tutto ciò che c'è da sapere su ogni personaggio e su ogni evento di una storia. Ciò che contraddistingue il punto di vista onnisciente è il fatto che lo scrittore che lo adopera è libero di condividere con il lettore tutte le informazioni che vuole.

In ciascuno dei pdv affrontati prima, le informazioni essenziali sono filtrate attraverso la coscienza di uno o più personaggi. In questo caso invece, le informazioni sono filtrate attraverso la coscienza del narratore onnisciente.

Attraverso il narratore onnisciente potete fare molte cose: entrare nella testa di tutti i personaggi, o di nessuno, interpretare gli eventi, descrivere gli avvenimenti avvenuti lontano da tutti i personaggi, fornire un contesto storico e informare il lettore degli eventi futuri.

Prima del ventesimo secolo, il narratore onnisciente era usato dai più grandi autori, come Fielding, Dickens, Tolstoj, Flaubert e Austen. I loro narratori onniscienti avevano spesso voci autoritarie, come quella che troviamo in *Rip Van Winkle, la leggenda della valle addormentata* di Washington Irving:

> Chiunque abbia fatto un viaggio sull'Hudson deve ricordare le montagne Koatskill. Sono un ramo della grande famiglia degli Appalachi, e si vedono dalla rive occidentale del fiume, orgogliose della loro nobile altezza e guardando dall'alto tutto il paese sottostante. Ogni cambio di stagione, ogni cambio di tempo, anche ogni ora del giorno, produce qualche cambiamento nelle magiche forme di queste montagne, e tutte le brave mogli, lontane e vicine, le guardano come un perfetto barometro.

Successivamente sono avvenuti enormi cambiamenti sociali, dall'avvento della democrazia (e il declino dell'impero), a Freud, al femminismo e così via, che hanno causato l'accantonamento del pdv onnisciente, ritenuto troppo paternalista e presto fuori moda.

Ma anche se molti scrittori contemporanei preferiscono altre tecniche, il pdv onnisciente continua a essere efficace.

Come molti scrittori contemporanei hanno scoperto, l'onniscienza non vuol dire adottare automaticamente un tono solenne. Una forma di onniscienza moderna e sottile appare nelle opere di Andre Dubus, Nicola Barker e Alice Munro, per citarne alcuni.

Scrittori postmoderni come Milan Kundera hanno adottato un certo tipo di onniscienza, evitando la verosimiglianza. Questi scrittori richiamano l'attenzione sul romanzo in quanto tale, e si pavoneggiano per il loro potere. Per esempio, ne *L'insostenibile leggerezza dell'essere*, Kundera spesso interrompe il flusso degli eventi per commentare la storia, i suoi temi o il romanzo stesso:

> Sarebbe insensato per l'autore provare a convincere il lettore che i suoi personaggi sono esistiti realmente, non sono nati dal grembo di una madre, sono nati da una frase stuzzicante o da una situazione particolare. Tomas è nato dicendo «Einmal ist keinmal». Tereza è nata da un borbottio dello sto-

> maco. La prima volta che lei si recò da Tomas, le sue viscere iniziarono a rumoreggiare. E non c'era da meravigliarsi: non aveva mangiato niente dopo colazione, se non un sandwich alla stazione prima di salire sul treno...

Una volta che Kundera ci ha ricordato la natura narrativa dei suoi personaggi, torna a raccontare la storia.
L'onniscienza rappresenta la libertà, ed è una cosa buona: invece di essere limitati dall'intelligenza o dalla maturità dei personaggi, l'onniscienza fornisce una possibilità di dare senso ai comportamenti bizzarri delle persone o dell'universo che avete creato.
Potete usare l'onniscienza per creare suspense fornendo al lettore informazioni sconosciute ai personaggi. Il narratore può informare il lettore che mentre Sue e Harry preparano il loro matrimonio, un terribile tsunami sta raggiungendo la loro città e che entro un'ora solo uno di loro resterà vivo.
Oppure può rivelare che Miss Harriet Wood, adorata insegnante, ospita inconsapevolmente un pericoloso criminale, credendolo un rappresentante di libri. Il lettore girerà le pagine ansiosamente, sperando che Harriet capisca la verità prima che il criminale le faccia qualcosa di male.
Ma se l'onniscienza è usata raramente, un motivo c'è. L'onniscienza richiama irrimediabilmente l'attenzione sulla presenza dello scrittore, una cosa indesiderabile per chi vuole che i lettori sospendano l'incredulità.
L'onniscienza può sembrare impersonale al lettore abituato a prendersi a cuore un personaggio in particolare. Troppa libertà può essere controproducente, e molti scrittori trovano più facile gestire una storia dal punto di vista di un personaggio.

Esercizio. Usando il pdv onnisciente, scrivete una scena in cui qualcosa viene rotta a un pranzo di nozze: un regalo, una bottiglia di champagne, il cuore di qualcuno... Dimostrate almeno tre dei cinque poteri dell'onniscienza: entrare nella mente di tutti i personaggi, interpretare gli eventi, descrivere avvenimenti nascosti, fornire un contesto, rivelare gli eventi futuri. Ci sono infinite possibilità: mostrate la vostra abilità nel sapere e vedere tutto.

TERZA PERSONA OGGETTIVA

Questa è una vera e propria sfida per la vostra abilità di rivelare le informazioni durante il racconto. Il narratore oggettivo in terza persona non può entrare nella mente di nessun personaggio, e lo scrittore deve rivelare tutto (sfondo, caratterizzazione, conflitto, tema e così via) solo attraverso dialoghi e azioni.
L'effetto è un po' quello di leggere un resoconto giornalistico che ci spiega solo i fatti essenziali.
In *Piccole cose*, il maestro delle storie brevi Raymond Carver dimostra di saper padroneggiare bene anche questo pdv:

> Lui era in camera da letto e infilava i vestiti in una borsa quando lei entrò dalla porta.
> Sono felice che te ne vai! Sono felice che te ne vai! Iniziò a urlare lei. Non riesci neanche a guardarmi in faccia, vero?
> Poi lei vide la foto del bambino sul letto e la prese.
> Lui la fissò, lei si asciugò gli occhi e lo fissò prima di voltarsi e tornare in soggiorno.
> Riportala qui, disse lui.
> Prendi le tue cose e vattene, disse lei.
> Lui non rispose. Chiuse la borsa, si mise la giacca, si guardò attorno nella camera da letto prima di spegnere la luce.
> Poi andò in soggiorno.
> Lei era in piedi sulla soglia della piccola cucina, e teneva in braccio il bambino.
> Voglio il bambino, disse lui.
> Sei impazzito?
> No, ma voglio il bambino. Manderò qualcuno a prendere le sue cose.
> Non provare a toccare il bambino, disse lei.

Questa anonima coppia va avanti e indietro, litigando su chi debba tenere il bambino. Alla fine, spaventosamente, entrambi afferrano il bambino per le braccia tirandolo e contendendoselo fino a farlo cadere e, presumibilmente, morire. Conclude Carver, «in questo modo la faccenda fu decisa». La gente non può credere che ci siano persone capaci di questo. Come fa Carver a convincerci che una madre e un padre possano agire così? Il pdv oggettivo risolve il problema. Riportando gli eventi invece che spiegandoli, Carver li rende credibili.

Il pdv oggettivo ha la grande forza di offrire un senso di interezza e imparzialità, inoltre evita il rischio di spiegazioni eccessive, perché lo scrittore non può spiegare niente.

Ma ci sono anche dei punti deboli. Una delle maggiori attrattive della narrativa è la possibilità, per il lettore, di infilarsi nelle menti oscure degli altri – non come nella vita reale, dove siamo obbligati a immaginare cosa c'è dietro la costosa dentiera del capo o il sorriso di un bambino. Il pdv oggettivo ci nega questo potere. Una storia raccontata da un punto di vista oggettivo è come un fiore senza profumo e colori, una stranezza forse interessante, ma non così tanto da attrarre l'attenzione.

> **Esercizio.** Prendete il brano sul pranzo di nozze dall'esercizio precedente, e riscrivetelo usando un pdv oggettivo. Usate il vostro senso di osservazione e descrivete cosa succede come se foste un giornalista. Ricordate, questa volta non potete entrare nella testa di nessuno, ma potete concentrarvi sui comportamenti dei personaggi. Cosa rivelano riguardo i loro pensieri?

SECONDA PERSONA

Come succede con la terza persona, anche nel pdv in seconda persona le storie sono raccontate dal narratore, che però narra usando il "tu".

Quando Jay McInerney pubblicò il suo romanzo *Le mille luci di New York* nel 1987, il suo uso della seconda persona creò non poco sconcerto. La sua scelta fu denigrata da molti critici, che la ritennero un semplice esercizio di stile. I lettori non avevano mai visto prima una cosa del genere, e certamente non erano abituati a quel modo di raccontare:

> Sei in un night-club e parli con una ragazza dalla testa rasata. Il posto non è né Heartbreak né Lizard Lounge. Tutto sarebbe più chiaro se riuscissi a infilarti in bagno e a prendere un po' di polvere boliviana... il tuo cervello in questo momento è composto da plotoni di piccoli soldati boliviani. Sono stanchi e sporchi per la loro lunga marcia nella notte. Hanno buchi negli stivali e sono affamati. Hanno bisogno di essere nutriti. Hanno bisogno della polvere boliviana.

Questo pdv ha portato molti lettori ad avere la sensazione di essere loro il protagonista, lo sniffatore di cocaina. Anche se il libro è diventato un best seller, nessun altro scrittore ha imitato McInerney.
Lorrie Moore ha però impiegato la seconda persona in modo molto differente nella sua raccolta di racconti *Tutto da sola*: i narratori di molte delle storie che compongono il libro danno dei consigli agli scrittori autodidatti con lo stile di un libretto di istruzioni.
Bisogna dire però che la seconda persona è associata quasi unicamente a McInerney e a Moore. La seconda persona ha i suoi vantaggi ed è divertente da usare, ma se l'obiettivo è la pubblicazione bisogna stare attenti e usarla in maniera da creare effetti diversi.
Una scrittrice che lo ha fatto di recente è Helen Dunmore nel suo romanzo *With her crooked heart*:

> Sei distesa sulla pietra calda, e contorci il tuo corpo. Poi ti rilassi, e il terreno ti porta in alto come se galleggiassi sul mare. Il sole è spuntato alle sette, e ogni granello di sabbia è bollente. Il sole raggiunge l'avvallamento splendente del tuo ventre, le tue braccia, le tue dita, il tuo viso. Nessuna parte di te resiste, ogni parte brilla.

Anche se all'inizio abbiamo la sgradevole sensazione che si rivolga a noi, non penso che il motivo per cui la Dunmore usa la seconda persona abbia molto a che fare con questo.
Piuttosto, ascolto la voce che narra una particolare esperienza del personaggio, e lo fa in modo da far sentire sensazioni che altrimenti sarebbero difficili da spiegare. Trovo che la voce sia più intima, come se il narratore sussurri all'orecchio del personaggio sdraiato al sole.
Se riuscite a trovare un modo efficace per usare la seconda persona, andate avanti e provateci. Altrimenti, fate attenzione.

Esercizio. Prendete uno dei brani scritti in prima persona e riscrivetelo con un pdv in seconda persona. Anche se non dovete fare molto di più che cambiare la persona dei verbi e sostituire il pronome *Io* con *Tu*, l'effetto può essere profondo. Siete liberi di fare tutti gli altri cambiamenti che volete. Confrontate le due versioni e considerate il diverso impatto emozionale di entrambe.

DISTANZA

In precedenza ho scritto che una delle domande sul pdv è «Da quale distanza sono visti gli eventi?». È una delle cose da considerare quando si sceglie il punto di vista da usare.

Distanza emotiva

È la distanza, o vicinanza, tra il narratore e i personaggi. Di solito pensiamo alla distanza emotiva come a qualcosa di astratto, un po' come chiedere a qualcuno «quanto ti senti vicino a tua sorella?». Ma con il pdv questa distanza si può misurare, se la guardiamo in termini di inquadrature cinematografiche:

Campo lungo: L'uomo correva nella notte fredda.

Campo medio: L'uomo correva nella notte, imprecando contro il freddo.

Primo piano: Mentre correva nella notte, sentiva il sapore amaro del freddo sulle sue labbra.

Se il narratore riesce a sentire il freddo sulle labbra del personaggio, possiamo vedere la sua empatia per il personaggio, a cui è molto vicino emotivamente.

Spesso uno scrittore sceglie una distanza emozionale e la usa per un'intera storia, ma talvolta la distanza può variare nel corso della vicenda.

Jane Smiley apre il suo romanzo *La casa delle tre sorelle* con una panoramica:

> A sessanta miglia all'ora, avreste potuto raggiungere la nostra fattoria in un minuto, sulla County Road 686, che a nord si intersecava con Cabot Street Road... Poiché l'incrocio era in cima alla collina, avreste potuto vedere le nostre costruzioni a miglia di distanza, all'estremità sud della fattoria. A un miglio ad est, avreste visto tre silos che segnavano l'angolo a nordest, e se aveste spostato lo sguardo dai silos alla casa e al granaio, e poi indietro, avreste visto l'immensità della terra che mio padre possedeva, seicentoquaranta acri.

Poiché questa terra è al centro del conflitto del romanzo, è importante che l'autrice la descriva come una presenza fisica conosciuta. Ma non sarebbe giusto scegliere questa distanza se volessimo concentrarci sui personaggi. Perciò la distanza varia, nel capitolo successivo Smiley si avvicina al narratore, così vicino da poterla toccare:

> Linda era nata proprio quando ebbi il mio primo aborto, e per un po', forse sei mesi, la vista di questi due bambini [i suoi nipoti], che io avevo amato davvero, mi afflisse come un veleno. I miei nervi scattavano quando li vedevo, quando vedevo Rose con loro, come se nelle mie vene scorresse acido.

Distanza temporale

Se non è specificato altrimenti, normalmente presumiamo che la storia che stiamo leggendo sia avvenuta relativamente di recente. In questo caso possiamo dire che c'è poca distanza di tempo tra il narratore e la storia. Anche se la storia è scritta al passato (come accade quasi sempre), lo scrittore cerca di creare un effetto di immediatezza, come se la storia avvenisse mentre la si legge:

> Un giovane disse che voleva andare a letto con Alexandra perché era una persona interessante. Era un tassista e a lei era piaciuta la sua chioma ricciuta. Tuttavia, era sorpresa. Lui disse che sarebbe tornato a prenderla in un'ora e mezza. Poiché lei era una persona gentile e ragionevole, mise tra loro due una barriera di informazioni.

In questo passaggio in apertura del racconto *Enormi cambiamenti all'ultimo minuto* di Grace Paley, veniamo condotti nel presente della storia, con Alexandra che pensa a come reagire alle avance del tassista.
Gli scrittori a volte tentano di ridurre la distanza temporale raccontando una storia al presente, come fa Margaret Atwood nel suo romanzo *Tornare a galla*:

> Lui si accorge che lo sto guardando e lascia andare la mia mano. Poi sputa la gomma, la accartoccia nel posacenere e volta le spalle. Questo significa che non ho bisogno di osservarlo, siamo uno di fronte all'altra.

Questo brano suona sicuramente più immediato del precedente, ed è questo l'intento dell'autrice, ma il passato è una convenzione narrativa che dura da secoli, e i lettori non ci fanno neanche più caso.
A volte l'autore può specificare che gli eventi sono avvenuti molto tempo prima, creando una grande distanza temporale. In questi casi, il lettore può accorgersi che la storia è intinta nella nostalgia, o che il racconto può essere manipolato dalla memoria. La distanza di tempo è impressionante nel racconto di George Eliot *Il velo dissolto*, che comincia così:

> È arrivato il tempo della mia fine. Sono stato vittima di ripetuti attacchi di angina pectoris; e come dice il mio medico, posso solo sperare che la mia vita non si protragga troppo a lungo.

Il narratore riflette sulla sua vita, racconta la sua infanzia, la sua adolescenza e la sua età adulta. In casi simili, quando il lettore sa che gli eventi sono avvenuti molto tempo prima, la suspense della storia può diminuire. Nel racconto di George Eliot sappiamo che il narratore sta per morire, e non c'è speranza di una fine diversa, ma questa tecnica consente al narratore di raccontare la storia da una prospettiva interessante, spesso fondendo emozioni del passato e del presente.

IL CONTRATTO

Ciò che non dovete mai dimenticare è che quando scegliete un punto di vista, stabilite automaticamente un contratto con il lettore. Il pdv spiega al lettore che tipo di storia sta leggendo: rompete il contratto e perderete la fiducia del lettore. La storia non sembrerà reale, il lettore verrà distratto. Spesso gli scrittori alle prime armi non pongono attenzione a questo aspetto. Una mia studentessa ha scelto, per un suo racconto, il punto di vista singolo in terza persona di Barbara, dirigente di una azienda di cosmetici. Il contratto diceva che gli eventi sarebbero stati filtrati attraverso Barbara. Il racconto andava bene, gestito con competenza, ma a un certo punto, *bang!*, il narratore entra nella testa di un altro personaggio, così:

> Barbara passò i successivi dieci minuti ad ascoltare il suo dipendente. Non riusciva a concentrarsi, e mentre Ted parlava lei riusciva a pensare solo al messaggio che John le aveva lasciato in segreteria. Si alzò, ringraziò Ted e gli disse che lo avrebbe chiamato al più presto per finire la riunione. Una volta da solo, sentendosi abbandonato e umiliato, Ted radunò le sue carte e si chiese perché lavorasse ancora per un capo così ingrato.

Senza offesa, Ted è solo un personaggio di passaggio, il suo unico ruolo è quello di informare Barbara che una delle impiegate è stata sorpresa a rubare. La studentessa mi ha confessato di non essersi accorta dell'errore. Per parlare di Ted senza violare il contratto con il lettore sarebbe bastato scrivere:

> Ted sospirò e cominciò a radunare le sue carte «Bene, molto bene» borbottò «Non mi resta che aspettare che la signora si degni di chiamarmi».

Per evitare errori, è utile prendere nota delle regole del pdv scelto e poi, al termine di una stesura, controllare ogni paragrafo seguendo queste note.
Ma come tutti i contratti, anche quello del punto di vista può essere rotto. A volte alcuni coraggiosi scrittori lo rompono deliberatamente per cercare nuove strade.
Nel romanzo *Il declino dell'impero Whiting* di Richard Russo, il prologo è raccontato da un narratore onnisciente, poi un narratore in terza persona segue il protagonista Miles Roby per due capitoli. Poi c'è un capitolo raccontato dal pdv della moglie di Miles, e uno (dove si passa dal passato al presente) dal pdv della figlia di Miles. Successivamente Russo passa alla visione multipla, con cambi di pdv ad ogni capitolo. Al capitolo 7, in un ristorante, il pdv salta avanti e indietro tra il gestore e i due unici clienti in una maniera che cattura la nostra attenzione. L'autore ci vuole far conoscere bene gli abitanti di questa città, e sospettiamo che sappia cosa sta facendo.

COME SCEGLIERE

Come detto all'inizio, il menù del punto di vista è complicato, ma spero che adesso vi sentiate a vostro agio e che abbiate ben compreso l'importanza della scelta. Una scelta che influenza tutta l'opera.
Al momento della scelta, vi consiglio di porvi alcune domande. Innanzitutto, "Di chi è questa storia?". Spesso saprete rispondere imme-

diatamente. Le storie scritte in prima persona appartengono al narratore, le storie in terza persona singola appartengono a un personaggio. Perciò se la vostra storia ha un unico protagonista, la prima persona o la terza persona singola sono le scelte migliori.

Le storie popolate di personaggi hanno spesso più di un protagonista, e ognuno ha i suoi obiettivi. In questo caso dovete chiedervi "Cosa mi interessa di più in questa storia?". Supponiamo che vogliate scrivere la storia di un quintetto jazz. Il trombettista vuole lasciare il gruppo dopo anni. Siete interessati alla lotta di quest'uomo contro i suoi sentimenti e contro gli ostacoli posti dagli altri quattro componenti? Se sì, usate una visione singola. Ma forse siete più interessati a cosa accadrà nel gruppo dopo l'abbandono del trombettista. Emergerà un leader? Un altro componente aiuterà il trombettista? Il gruppo riuscirà ad andare avanti? Forse non c'è bisogno di un narratore onnisciente o di un pdv multiplo, forse c'è un personaggio che può fornire occhi e orecchie per l'intero gruppo.

Ma una cosa importantissima da fare è provare. Non potete essere sicuri di aver trovato il giusto punto di vista se non iniziate a scrivere. Forse la prima scelta sarà giusta, o forse dovrete tornare indietro e ricominciare.

Una volta ho scritto metà di un romanzo in prima persona perché l'ispirazione mi era venuta sotto forma di una frase «Mi chiamo Eleanor Sweetleaf e vivo qui da quando avevo tre anni».

Un anno dopo ero bloccata. Eleanor era un bel personaggio ma non era la voce giusta per il romanzo: prendeva la sua storia troppo seriamente. Ho riscritto il romanzo in terza persona con visione singola e l'ho terminato in poco tempo. La nuova versione era più divertente ed ero libera di giocare col linguaggio.

Scrivere è fatto di errori e tentativi, ed è dovere di uno scrittore esercitarsi per capire l'enorme potere del punto di vista.

Capitolo quinto

DESCRIZIONI: DIPINGERE CON LE PAROLE

di Chris Lombardi

Alcuni anni fa, la mia migliore amica lesse un mio racconto che parlava di una donna che tornava dopo molto tempo nel suo paese natale e che cercava di riconquistare il suo primo amore. In una scena, Ruth, questo il nome della protagonista, non riesce a dormire e pensa di chiamare il suo innamorato. O meglio, si sveglia alle due di notte e fissa il telefono, un vecchio apparecchio nero a disco, anche se siamo alla fine degli anni '80:

> La luce dalla strada rendeva il telefono simile a un fantasma.

La mia amica, arrivata a questo punto, alzò gli occhi dalla pagina gridando: «Dove trovi queste descrizioni? Tu non fai mai caso a niente!».
E aveva ragione. Quando andiamo in giro, è sempre lei quella che nota tutti i dettagli, mentre io mi perdo nei miei pensieri. Ma sembra che qualche parte della mia mente prenda comunque nota dei dettagli per quando potranno tornare utili. Grazie a questa capacità, riesco a sentire il peso di un martello, o il modo in cui un mazzo di chiavi fa sentire a casa. Da qualche parte avevo notato che le ombre magiche delle luci della città rendono strano un oggetto familiare. Quando ho immaginato Ruth che fissava il telefono, lei (ed io) abbiamo visto un fantasma.
Il mio primo insegnante di scrittura è stato il noto romanziere John Gardner, che mi ha insegnato che ogni bravo scrittore crea, attraverso le parole, «un sogno vivido e continuo».
Per "vivido" intendeva un sogno forte e chiaro come la vita reale. Per "continuo" intendeva un sogno che rimane vivo, che non consente alla mente del lettore di uscire dal mondo di fantasia.
Quando penso alle descrizioni, mi viene spontaneo fare un paragone con il film, che è simile a un sogno. Pensateci: entrate in un posto buio e per qualche ora siete in balìa di una realtà alternativa. Nel cinema sono le immagini che vi catturano. Nella narrativa, più di tutto, sono le descrizioni a svolgere questo compito.
Quando scrivete una descrizione, dovete fare in modo che il lettore senta la storia vividamente e continuativamente come se stesse guardan-

do un film, di certo non vorreste che la storia svanisca sul più bello come un vecchio filmino in Super 8.
Sul vocabolario potete trovare due definizioni per il verbo "descrivere": «raccontare o scrivere a proposito di qualcosa; dare un resoconto dettagliato». «Dipingere con le parole».
Dare un resoconto dettagliato. Dipingere con le parole. Chi ha scritto questa definizione è un poeta.
Per la narrativa, la descrizione è tutto ciò che crea un dipinto nella mente del lettore. Se le descrizioni funzionano, il lettore si dimenticherà della pioggia fuori dalla finestra, si dimenticherà che la sedia è scomoda o che deve pagare l'affitto. Sarà preso per mano dalle parole, e crederà a tutto ciò che legge, come in un sogno o in un film, o come se fosse tutto vero.

I CINQUE SENSI

Si scrive e si legge con la mente, ma la vita viene vissuta con tutto il corpo. Nella narrativa, bisogna comunicare questa stessa sensazione di "fisicità". La strada che percorrete la mattina per andare al lavoro consiste in una serie di tappe faticose, o così mi dicono i miei studenti, ma in fondo consiste nei vostri piedi sull'asfalto, nel sentirvi i vestiti sulla pelle, nel rumore della strada e via dicendo. È così che percepiamo il mondo.
Per condurre il lettore nel mondo fittizio, bisogna offrire informazioni per tutti e cinque i sensi. I lettori devono vedere le nuvole che annunciano la pioggia, devono sentire il sapore amaro di una medicina, toccare la ruvidezza della pelle mal rasata, sentire l'odore di una pizza rancida, ascoltare il rumore di una frenata durante un incidente stradale. Come avrete notato, ho fatto riferimento a tutti e cinque i sensi. Non bisogna concentrarsi solo sulla vista, come fanno molti scrittori: forse il suono di un particolare momento sarà più efficace per richiamarne il ricordo, tanto per fare un esempio.
Nel romanzo *Lividi* di Anna Quindlen, la protagonista – una donna vittima di violenza che sfugge al suo aggressore – incontra la sua prima nuova amica in una cittadina della Florida:

> Indossava degli shorts di lino rosa e una blusa intonata, occhiali da sole bianchi e uno smalto per unghie rosa. Parlava come un'attrice che interpreta Blanche du Bois e dall'aspetto e dal profumo sembrava che si fosse preparata accuratamente per quell'occasione, come se quella mattina mi dovessi sposare.

Questo personaggio rimane impresso perché lo viviamo attraverso i sensi, in questo caso la vista (i suoi vestiti), l'udito (il modo in cui parla) e l'olfatto (il suo profumo).
C'è bisogno di questo tipo di dettagli sensoriali per supportare le frasi, i dialoghi o anche i concetti astratti. Potete scrivere frasi poetiche, piene di musicalità che trascina il lettore, ma fare tutto questo senza

dare dettagli sensoriali è come servire l'aperitivo senza il pranzo. I lettori si ubriacheranno e si addormenteranno ben presto.
Leggiamo questo breve brano dal racconto *Le regole del gioco* di Amy Tan, in cui vengono utilizzati tutti e cinque i sensi:

> Vivevamo a Waverly, in un appartamento di due stanze confortevole e pulito, sopra a un piccolo forno cinese, specializzato in paste al vapore. Di mattina presto, quando la strada era ancora silenziosa, potevo sentire la fragranza dei fagioli rossi appena cotti. All'alba la nostra casa era invasa dall'odore del sesamo fritto e del pollo in agrodolce. Dal mio letto, potevo ascoltare mio padre che si preparava per andare al lavoro e chiudeva la porta con tre mandate.

Noi vediamo, ascoltiamo, annusiamo, assaporiamo, addirittura tocchiamo questo mondo, siamo fisicamente lì. Il metodo più efficace per portare il lettore nel mondo di fantasia che avete creato è usare l'esperienza sensoriale.

> **Esercizio.** Immaginate un personaggio che sta esplorando una caverna con un gruppo di amici. Sfortunatamente, il personaggio si è perso ed è rimasto da solo, e adesso brancola in una grotta buia senza nessuna luce, cercando di uscire o di ricongiungersi ai suoi compagni. Scrivete un brano in cui rendete verosimile questa situazione attraverso i dettagli sensoriali. Poiché la vista è limitata, dovete affidarvi all'udito, all'olfatto, al tatto e al gusto. Lasciate che il lettore viva questo momento attraverso i sensi.

PRECISIONE

Non è sufficiente limitarsi a fornire dettagli sensoriali: questi dettagli devono anche essere precisi. Tutti i dettagli precisi, riuniti, forniscono un senso di verosimiglianza, danno cioè l'impressione che gli eventi narrati siano realmente avvenuti.
Molti anni fa, un mio compagno di corso che ora fa il professore, mi ha chiesto spiegazioni a proposito di una frase che usavo spesso: «i suoi intensi occhi grigi». «Cosa significa?» mi chiedeva, e non l'ho mai dimenticato. L'incertezza, la mancanza di precisione, la superficialità, sono il nostro primo impulso quando scriviamo qualcosa. Cosa intendevo quando parlavo dei «suoi intensi occhi grigi»? Intendevo, in primo luogo, che i suoi occhi erano di una tonalità di grigio scuro e, in secondo luogo, che risplendevano come se stesse piangendo. Ma non era questo che riuscivo a comunicare con la mia incerta descrizione.
La precisione tiene lontana la pigrizia. «Era una bellissima ragazza bionda»: è una descrizione talmente vaga che non riesce a dipingere niente, e oltretutto suona troppo semplice da scrivere. Bisogna dare dettagli più precisi su questa bionda, ad esempio così:

> Il suo naso era sempre soavemente punteggiato da lentiggini, e tutta la sua pelle aveva un colore soffice.

Dipingete con le parole. Ad esempio, Jeannette Winterson scrive una trascinante descrizione nel suo romanzo *Passione*, una favola ambientata nella Venezia del diciottesimo secolo:

> Ci sono anche gli esuli. Uomini e donne scacciati dai loro palazzi luccicanti che si aprivano lussuosi sui canali brillanti.

L'effetto è potente, con aggettivi come "luccicanti" e "brillanti" che suggeriscono il lusso delle cose perse. Ma non sarebbe un dipinto se l'autore non proseguisse così:

> Una donna che sorvegliava una serie di barche e una sfilza di gatti adesso è qui, nella città silenziosa. Non so dire quanto sia vecchia, i suoi capelli sono verdi per la melma che c'è sui muri del cantuccio in cui vive. Si nutre con le alghe che finivano nella riva quando la marea è bassa. Non ha denti. Non ha bisogno di denti. Indossa ancora le tende che ha strappato dal salotto quando lo ha dovuto lasciare.

Fate caso agli scogli, ai capelli verdi, alla mancanza di denti, alle tende. Con questi dettagli specifici, Winterson rende vivo questo personaggio del suo romanzo gotico. La precisione fa sì che il lettore creda a tutto, anche che un'aristocratica fuggita dalla Rivoluzione Francese sia finita a sfamarsi nei canali di Venezia. O che tutti i gondolieri, come il narratore Villanelle, hanno i piedi palmati.

La precisione serve anche per rendere verosimili dettagli più quotidiani. Louis B. Jones, in *Ordinary Money*, descrive una località della California semplicemente dando indicazioni stradali:

> C'è un segnale di stop all'altezza del 7-Eleven, e dovete svoltare a destra in Robin Song Lane, poi a destra in Sparrow Court, e la casa di Laura Paschke è la terza sulla sinistra, uguale a quella dei vicini ma dipinta con un verde fuori moda, e un gallo di ferro lasciato lì dai precedenti proprietari.

L'autore è così preciso nel descrivere questo posto, che è quasi impossibile non credere alla sua esistenza.

Se, per fare un esempio, un personaggio guida un'auto, forse è il caso di specificare il modello. Earl, il ladro d'auto del racconto *Rock Springs* di Richard Ford, guida una Mercedes color mirtillo. Non solo possiamo immaginare quel tipo di auto, ma questa ci comunica qualcosa su Earl e sul sui gusto per le auto rubate.

Cercate di essere collezionisti – di sensazioni, di oggetti, di nomi. Specialmente di nomi. Non fate come uno dei miei poeti preferiti, John Berryman, che una volta ha detto «Non distinguo una dannata farfalla dall'altra». Mi dichiaro colpevole, sono anch'io un animale metropolitano e non conosco i nomi di alberi e piante, ma cerco di impararli, perché so che daranno maggiore precisione a ciò che scrivo.

Cercate di fare così anche voi. Definite con precisione i colori, ad esempio. Certo, non dovete usare tutte le tonalità esistenti in natura, ma cominciate a imparare alcuni nomi meno usati: ocra, fiordaliso, o anche

"rosa pallido tendente al bianco". Date nomi alle aziende, agli strumenti musicali, ai sapori. Anche i nomi delle marche possono essere utili, ma bisogna stare attenti a non abusarne perché il rischio è quello di annoiare e distrarre il lettore (di certo Bret Easton Ellis non sarà d'accordo con me, come tutti i lettori di *American Psycho* possono confermare. Ma in quel caso le marche sono funzionali al tema dell'avidità americana).
A volte anche una lista di nomi può diventare una descrizione: è ciò che gli studenti di Omero chiamano "cataloghi degli eroi".
Osservate come Barbara Kingsolver, in *Gli occhi negli alberi*, descrive il Congo con una semplice lista:

> Tutte le creature di Dio hanno un nome, sia che scivolino lontano sia che vengano vendute di fronte a noi: antilopi, manguste, tarantole, cobra, le scimmie rosse e nere chiamate *ngonndo*, gechi che scalano i muri. Pesci persici e *nkyende* e anguille elettriche. *Akala*, *nkento*, *a-ana*, uomini, donne e bambini. E tutto ciò che cresce: frangipane, fagioli *mangwansi*, canna da zucchero, alberi del pane, uccelli del paradiso.

Esercizio. Pensate a un luogo della vostra infanzia che conoscete bene – una strada, un giardino, una scuola... Scrivete un brano in cui descrivete questo posto con grande precisione. Di che colore erano i mattoni? Quanto era lontano da casa? Se non ricordate i dettagli più importanti, compensate con l'immaginazione. Fate la stessa cosa con le persone che avete conosciuto in questo posto.

LA PAROLA MIGLIORE

Le descrizioni sono fatte di parole, questo è sotto gli occhi di tutti. Se volete trasferire sulla pagina le vostre suggestioni e il mondo che avete immaginato, le parole sono il mezzo che determina forma, luci, ombre e colori.
Mark Twain una volta ha detto che la differenza tra la parola giusta e la parola quasi giusta è pari alla differenza che c'è tra una lanterna e una lucciola. Bisogna sempre cercare le parole migliori per descrivere il dipinto che esiste per il momento solo nella mente. Molto spesso le parole perfette vengono istintivamente e non dovete certo sfiancarvi su ogni singola parola, soprattutto nella prima stesura. Ma a un certo punto dovete trovare le parole che riescono a sostenere meglio l'illusione della storia.
Torniamo al brano di *Passione*:

> Una donna che sorvegliava una serie di barche e una sfilza di gatti adesso è qui, nella città silenziosa.

È tutto molto diretto e chiaro, tranne la frase "una sfilza di gatti". Perché l'autrice ha usato la parola "sfilza"? Avrebbe potuto usare molte altre parole – "serie", "gruppo", "famiglia", "insieme" e così via – ma l'autrice ha pensato che la parola "sfilza" fosse quella giusta. Forse le piaceva l'idea che i gatti fossero sparsi in un certo modo, o che fossero attaccati alla donna. Non importa se la parola è stata trovata subito o se l'autrice ha passato una giornata intera a cercarla, la parola "sfilza" ha un peso e un impatto molto forte.

Quanto è ricco il vostro vocabolario? Anche se non è necessario mostrarvi forbiti in ogni occasione, le vostre possibilità di espressione devono essere le più vaste possibili. Tenete sempre a portata di mano un vocabolario e un dizionario dei sinonimi e dei contrari. Quando cercate la parola giusta, vi accorgerete delle enormi possibilità di scelta che avete.

State attenti ad aggettivi e avverbi. Sono come sirene che cercano di attirarvi nelle acque pericolose delle descrizioni fiacche.

Molto spesso, quando le persone pensano a una descrizione, pensano automaticamente ad aggettivi e avverbi. Gli aggettivi descrivono i nomi, come nella frase «i suoi capelli lucenti», mentre gli avverbi descrivono i verbi, come in «lei camminava agilmente». La verità è che aggettivi e avverbi sono parole molto pigre, portano a pensare che funzionano bene, ma in realtà non aggiungono niente. Ricordate i miei «intensi occhi grigi»? Questi due aggettivi pretendevano di descrivere bene questi occhi, ma non ci riuscivano. Davano indicazioni sommarie, ma non rendevano vivi quegli occhi.

E le frasi con troppi aggettivi e avverbi sono come alberi di mele troppo carichi: i rami rischiano di spezzarsi per il peso. Come in questo caso:

> Lei camminava aggraziatamente nella stanza spaziosa, prendendo rapidamente una lettera dalla sua borsa alla moda e guardandola con i suoi intensi occhi grigi.

Nonostante la grande quantità di aggettivi e avverbi, la frase non ci dice granché, a parte i semplici fatti. Bisogna potare l'albero.

Se fate attenzione alle descrizioni efficaci, noterete che gli scrittori sono molto parsimoniosi nell'uso di aggettivi e avverbi. In *Cattedrale*, il narratore descrive gli occhi del cieco:

> A prima vista, i suoi occhi sembravano come quelli di chiunque altro. Ma a ben guardare c'era qualcosa di diverso. Troppo bianco nell'iride, per prima cosa, e le pupille sembravano muoversi nelle orbite senza che lui lo sapesse o riuscisse a fermarle. Pazzesco. Mentre lo guardavo in faccia, vidi la pupilla sinistra voltarsi verso il naso, mentre l'altra si sforzava di rimanere ferma. Ma era solo uno sforzo, perché quell'occhio se ne andava a spasso senza che lo sapesse o lo volesse.

Quanti aggettivi ci sono in questo brano? Tre: "diverso", "pazzesco" e "sinistro" ("bianco" è usato come nome). E Carver non fa affidamento su questi aggettivi per la descrizione: gli aggettivi e gli avverbi sono efficaci solo quando vengono usati poco e bene.

Aggettivi e avverbi sono quei termini che la grammatica chiama "modificatori". Aiutano cioè a decorare l'edificio costruito con i vostri veri mattoni: nomi e verbi.

A un convegno di scrittori, alcuni anni fa, girava una frase spiritosa «I vostri verbi lavorano sodo?». Non sarà un capolavoro, ma in questa frase c'è del vero. Più i verbi e i nomi sono forti, meglio potranno sopportare i modificatori.
Leggete questo passaggio da *Il grande Gatsby* di Scott Fitzgerald:

> All'improvviso una di queste zingare afferra un cocktail al volo, lo butta giù per farsi coraggio e, muovendo le mani come Frisco, danza da sola sulla pista.

Leggete con cura questa frase. Non c'è bisogno di aggettivi, perché sono i nomi e i verbi a "lavorare sodo". Non "una donna" ma "una di queste zingare", non "prende" ma "afferra". Notate come nomi e verbi rendono superflui gli aggettivi, come in "lo butta giù per farsi coraggio" e "muovendo le mani come Frisco" (quest'ultima frase si riferisce a un ballerino degli anni '20).
Come abbiamo detto in precedenza, i verbi forti diminuiscono il bisogno di avverbi o di perifrasi. Ad esempio "lei parlava a bassa voce" può essere trasformato in "lei sussurrava" o "lei bisbigliava". Un esempio può essere questo brano da *Il dio delle piccole cose* di Arundhati Roy:

> Ai primi di giugno arrivano i monsoni da sud-ovest e sono tre mesi di vento e acqua, con brevi periodi di sole splendente che spinge i bambini a uscire per giocare. Il paese assume una tonalità di verde. I mattoni dei muri diventano verdi di muschio. Le piante si attorcigliano sui pali elettrici. Rettili selvaggi scivolano attraverso le pietre e le strade inondate. E piccoli pesci appaiono in superficie nelle pozzanghere di melma che cospargono le strade principali.

Vedete come è vibrante questo luogo, grazie a verbi e nomi dinamici? Non ci sono avverbi, e gli aggettivi sono pochissimi, e sempre legati a nomi forti.
Non sto dicendo che bisogna evitare del tutto aggettivi e avverbi, ma che occorre dedicarsi innanzitutto a nomi e verbi, per poi cercare i modificatori che possano adattarsi a queste parole.

Esercizio. Scegliete una persona che conoscete e datele un nome di fantasia che vi consenta di modificare anche altre caratteristiche, volendo. Adesso descrivete questa persona nella maniera più vivida che potete. Ma attenzione: *non potete* usare neanche un aggettivo o un avverbio. Questo vi costringerà a usare nomi e verbi forti e ad adoperare le altre tecniche illustrate in questo capitolo. Alla fine dell'esercizio avrete probabilmente un ritratto molto efficace di questa persona.

I TRUCCHI DEL MESTIERE

Adesso che abbiamo parlato in dettaglio delle buone descrizioni, è ora di dedicarci ai trucchi per allargare le nostre possibilità di scelta.
Per prima cosa, occorre imparare il linguaggio figurato, le figure retoriche come similitudini e metafore. A volte queste parole possono sem-

brare complicate, ma in realtà sono molto più semplici di quanto si pensi, e soprattutto sono utilissime per i nostri scopi.
La similitudine è quella figura retorica con cui vengono paragonate due cose essenzialmente differenti e il paragone è reso esplicito dall'uso dell'avverbio "come".
La metafora è quella figura retorica con cui si parla di una cosa come se fosse un'altra a cui può essere accostata in qualche modo, come quando un uomo feroce viene definito una "tigre".
Usiamo tutti i giorni queste figure retoriche. Quando dite a un amico «sono sano come un pesce» o «è come un coniglio bagnato», state prendendo un'idea da un universo di ricordi e immagini comuni per collegarla a un tipo di esperienza.
Gli esempi che ho citato sono molto semplici e chiunque può comprenderli. Nella narrativa, bisogna invece usare metafore e similitudini sorprendenti, insolite, diverse da quelle che si possono sentire in strada. Perché dovete occuparvene? Perché con le figure retoriche si può raggiungere in maniera sottile e quasi subliminale la coscienza del lettore, e perché le vostre descrizioni saranno molto più potenti. Ecco due similitudini dal racconto *Un weekend romantico* di Mary Gaitskill:

> Si sentiva come un oggetto proiettato in tutte le direzioni.

> Il suo sguardo la attraversò completamente, era come se lui avesse spinto la mano dentro il suo petto e avesse cominciato a toccare le sue costole una ad una.

Nel romanzo di Calvin Baker *Naming New World*, ecco una metafora quando un uomo vede il sole sorgere come

> Una splendida mandorla con i bordi di miele.

È ovvio che nessuno direbbe a un amico per la strada «Ehi, guarda il sole! Una bellissima mandorla con i bordi di miele!». Ma questa stessa metafora, usata in una descrizione va molto bene, soprattutto in un romanzo ambientato nel profondo Sud.
Un mio amico, un poeta, ripete spesso di odiare le similitudini e amare molto le metafore. Sono d'accordo sul fatto che le metafore siano meglio, ma penso che anche le similitudini siano uno strumento efficace, soprattutto perché possono essere usate in qualsiasi modo. Le metafore invece si prestano bene a una narrativa più impegnata, e la loro efficacia dipende molto dallo stile e dal tono della storia. Una grande metafora può addirittura durare per tutta la storia, come quando il protagonista di *Metamorfosi* di Franz Kafka scopre di essersi trasformato in uno scarafaggio gigante: ci troviamo di fronte a un'allegoria, e la storia è al suo servizio.
Forse siete tra quelle poche persone che amano la poesia e sanno riconoscere il lirismo. Per lirismo intendo la prosa che gioca col suono e

col ritmo come fosse poesia. Ecco un esempio di lirismo, nelle ultime frasi di *Gente di Dublino*, di James Joyce:

> La sua anima svanì lentamente quando sentì la neve cadere soffice nell'universo, e cadere soffice su tutti i vivi e i morti.

Come si fa a sapere se in una frase c'è lirismo? Prima di tutto dovete leggere ad alta voce le vostre opere e ascoltare il ritmo delle frasi e il modo in cui le parole suonano.

Qual è l'utilità del lirismo nella narrativa? Proprio come le figure retoriche, il lirismo aiuta a rendere più profondo l'impatto di una storia. Se la musica riesce a dire cose che le parole non riescono a esprimere, le parole che suonano come musica si caricano di significati non-verbali che immergono il lettore in un'esperienza unica.

Per "lirismo" non intendo frasi lunghe ed elaborate. Ernest Hemingway sapeva come rendere musicali poche parole e brevi frasi, come in questa descrizione da *Le nevi del Kilimanjaro*:

> Poi guardai attraverso gli alberi verso la Montagna che questa mattina sembrava più grande e più vicina con la neve fresca che brillava alla luce dell'alba.

Vedete il potere iconico di questa immagine, unito al ritmo delle parole?

In *Cattedrale* il narratore, che non ama la poesia, diventa lirico quando chiede al lettore:

> Immaginate una donna che non poteva mai vedersi riflessa negli occhi del suo amato. Una donna che doveva amare giorno dopo giorno senza mai ricevere il più piccolo complimento dal suo adorato. Una donna il cui marito non poteva leggerle l'espressione del viso, fosse sofferente o no. Una donna che poteva truccarsi oppure no, tanto per lui che differenza faceva?

Per arricchire ulteriormente le vostre descrizioni, tenete in considerazione altri trucchi.

L'onomatopea, ad esempio. Ovvero quando le parole replicano il rumore di ciò che indicano. Se le persone *mormorano*, se gli uccelli *cinguettano*, se i soldi *frusciano*, state usando un'onomatopea.

Poi c'è l'allitterazione, quando due o più parole hanno in comune il suono delle iniziali. Le allitterazioni spesso vengono spontanee, come ricordo dei giochi che si facevano da piccoli. Se usate con giudizio, portano un tocco di grazia alla prosa.

La cosa migliore è cercare di amalgamare tutte queste tecniche.

Per concludere, vi voglio svelare uno dei miei trucchi, un modo per creare immagini riuscite che mi tolgono dai guai: usate un'immagine o un aggettivo solitamente associato a un senso, accomunandolo a un altro. È un trucco usato in poesia, conosciuto come sinestesia. John Keats la usava:

> Assaporavo la musica del pallore…

Ed ecco due esempi tratti dai miei scritti:

> ...il suono che lavava i tuoi sensi.

> ...la sua voce di cioccolato fondente.

Provateci. Se anche il risultato non dovesse soddisfarvi, potrete comunque divertirvi, e imparerete a rendere reali le vostre descrizioni.

> **Esercizio.** Prendete uno degli esercizi svolti per questo capitolo e revisionatelo usando le tecniche di cui abbiamo parlato. Andate a ruota libera, usando queste tecniche come preferite. Il risultato sarà forse un po' eccessivo, ma sarà utile per risvegliare il poeta che c'è in voi.

DETTAGLI EFFICACI

Adesso che conoscete tutte le tecniche per migliorare le vostre descrizioni, forse sarete tentati di usarle tutte insieme, mettendo un'allitterazione qui e una metafora lì, giocando con i sensi fino a saziare i vostri lettori. È quindi mio dovere, a questo punto, mettervi in guardia ricordandovi che è importante scegliere i dettagli giusti. Come lettori, sappiamo quanto è faticoso stare dietro a descrizioni lunghissime, perdere di vista la storia in una valanga di dettagli sull'appartamento di Manhattan o sul panorama di un villaggio in cima alle montagne. Tutto ciò che voglio sapere è il suo aspetto, e invece l'autore mi propina tre pagine di divagazioni su ogni dettaglio.

C'è una linea sottile che separa le descrizioni ricche da quelle che soffocano il lettore. È facile cadere in errore quando state descrivendo un posto che pensate possa risultare sconosciuto ai lettori, o anche quando cercate di rendere familiare il vestiario o la gestualità di qualcuno. Dovete sempre chiedervi: «la descrizione interrompe il flusso della storia?».

Anton Cechov, uno dei pionieri del racconto contemporaneo, ci ha lasciato una efficace definizione di storia: «il racconto casuale di una esperienza unica in una vita ordinaria, raccontata con dettagli immediati ed efficaci». Cosa intendeva con dettagli "efficaci"?

Un dettaglio efficace racconta l'essenza di ciò che descrive. Un dettaglio efficace è il piccolo pezzo di ghiaccio che sembra non volersi mai sciogliere in un bicchiere di Martini, o il cartello stradale che indica la presenza di una scuola anche se la scuola non c'è più da anni. Un dettaglio efficace può dire molte cose in poche parole.

Questo è l'inizio di *Lividi*, di Anna Quindlen:

> Quella voce dolce come uno sciroppo che mi faceva venire la pelle d'oca quando ero piccola, che faceva diventare calda tutta la mia pelle con una S sibilante, le vocali strascicate. Sembrava sempre un sussurro, il modo in cui parlava, la sua intimità, il modo in cui le parole sembravano entrarti sotto la pelle, nella testa, nel cuore.

I dettagli efficaci descrivono la voce del personaggio. L'autrice usa delle sinestesie ("voce come sciroppo" per evocarne la dolcezza), similitudini ("come un sussurro") e un elenco preciso di particolari ("S sibilante, vocali strascicate").
Presto quest'uomo verrà descritto anche visivamente e attraverso le sue azioni, ma la voce è l'elemento che ricorderemo. Molte persone, anche se non ricordano quasi nulla de *Il grande Gatsby*, ricordano che Jay Gatsby sentiva che la voce della sua adorata Daisy era "piena di soldi".
Questi sono dettagli che definiscono in poche parole il soggetto e rimangono impressi nella mente del lettore.
È normale che all'inizio non sappiate quali sono i dettagli più efficaci. Quando però ne avrete pensati diversi, e saranno tutti sulla pagina alla fine della prima o della seconda stesura, vedrete quali funzionano di più, e quali sono da eliminare. Cosa ricorda il protagonista della sua casa natale? Quali particolari degli spettacolari tramonti in Vietnam riportano alla mente un'esperienza, anni dopo? Vi accorgerete di quali sono i dettagli efficaci perché saranno quelli che vi rimarranno più impressi.
Tuttavia, finché non trovate i dettagli efficaci, siate generosi. Quando iniziate a scrivere una storia, buttate giù tutto quello che vi passa per la testa, soprattutto i dettagli sensoriali.
Non saprei dirvi quante volte mi è capitato, correggendo i compiti dei miei studenti, di chiedere più dettagli su un posto o su una persona e sentirmi rispondere: «non volevo strafare».
Gli scrittori alle prime armi si preoccupano sempre di non dire troppo, forse perché hanno così tanta familiarità con la scena da pensare che bastino poche parole per descriverla. E forse in certi casi hanno ragione, ma non sempre. Vi consiglio di scrivere sempre tutto quello che vi passa per la testa, anche se preferite uno stile minimalista e siete patiti di Raymond Carver: avrete sempre il tempo di tagliare in seguito.
Un giovane scrittore molto brillante, che ho conosciuto a scuola, adotta uno stile particolare. Di stesura in stesura, le sue storie si comprimono e si ampliano, si ampliano e si comprimono. Se una stesura è di quattro pagine, la seconda sarà di undici, la terza di cinque e così via. A ogni stesura taglia e allarga le scene e corregge gli eccessi.

Esercizio. Tornate al precedente esercizio, dove avete lasciato libero il vostro impulso poetico. Scegliete un dettaglio efficace – un particolare che emerge dalle cose che avete descritto. Revisionate il brano concentrandovi solo su questo dettaglio, e mentre lo fate provate a controllare se la descrizione è troppo lunga o troppo corta. Alla fine dovreste ritrovarvi con una descrizione che sia allo stesso tempo breve ed efficace.

LE TRAPPOLE DELLA DESCRIZIONE

Dopo avervi incoraggiato in questo capitolo a usare diversi metodi descrittivi e avervi spiegato cosa fare per rendere vive le scene nella

mente del lettore, adesso è giusto puntare i riflettori su ciò che *non* dovete fare. Le brutte descrizioni raffreddano l'entusiasmo del lettore, allontanandolo dalla storia.
Per prima cosa, evitate i cliché.
Lo so che non c'è niente di nuovo sotto il sole, ma bisogna tenersi alla larga dal linguaggio troppo familiare:

> un sole che spacca le pietre;
>
> piove a dirotto;
>
> essere come un libro aperto;
>
> muto come un pesce;
>
> girare i tacchi.

Queste espressioni sono state usate così tante volte che ormai non hanno significato. E soprattutto non hanno nessun effetto sul lettore.
Una volta un mio studente mi ha chiesto «ma cosa succede se c'è realmente "un sole che spacca le pietre" o se una persona "gira i tacchi" per davvero?». Io gli ho spiegato che queste espressioni hanno un significato per lui perché le ha già sentite nei film, nei libri e in tv, e che per quello stesso motivo frasi del genere non riescono a dare forza a una storia.
Bisogna anche evitare descrizioni imprecise o insensate. Ecco un esempio:

> Si sentiva come un punchingball senza aria.

Qui c'è una similitudine, è vero, ma non ha molto senso. I punchingball non hanno aria, e chiunque lo sappia smette di credere a questa storia e a questo scrittore. Scrivete "un pallone senza aria" o "un punchingball senza imbottitura" e saremo di nuovo nella finzione narrativa.
Un altro esempio:

> Lei scosse la testa verso di me.

Qui si può supporre che lo scrittore intenda dire che lei ha "scosso i capelli" o ha "inclinato la testa", e non che lei abbia preso la sua testa e l'abbia scossa. Ciò non toglie che questa descrizione lasci molto a desiderare.
Un altro problema è usare più metafore. Johanna non può metaforicamente nuotare controcorrente e scalare una montagna poche righe dopo, o, peggio, nella stessa frase. Il lettore rimane disorientato, e il potere immaginifico delle due metafore finisce per svanire. Se vostra madre diventa metaforicamente un pesce va bene, ma non trasformatela in un elefante tre capitoli dopo.
A volte c'è solo bisogno di buttare giù la prima stesura della storia, e allora si possono lasciare le brutte descrizioni, i cliché, le frasi imprecise e via dicendo. Non è un problema. Queste frasi vanno viste come dei segnali, dei "bla bla bla" scritti come riempitivo. Durante la revisio-

ne si possono sostituire con descrizioni precise e accurate. È la parte più divertente della revisione, anche se spesso ci si stupisce (in negativo) nel rileggere i cliché e le metafore ridicole che si sono scritte.

DESCRIZIONI DELLA VITA INTERIORE

Finora abbiamo parlato di descrizioni relative a cose esteriori – come sono fatti i posti e le persone, come si presentano ai sensi – ma le descrizioni sono usate anche per ritrarre la vita interiore dei personaggi, i loro pensieri e le loro emozioni.
Le stesse regole viste fin qui si possono applicare alle emozioni e ai pensieri. Per esempio, si può scrivere:

> Susanna era arrabbiata perché Max non la capiva.

Questa frase è chiara, ma comunica molto poco. "Arrabbiata" è un termine collegato a un'idea astratta, indica un'emozione ma non la fa sentire. Le emozioni sono fisiche, vengono espresse con sensazioni e azioni. E, come per tutte le altre descrizioni, devono essere rese con chiarezza e precisione attraverso i sensi.
Se volete che Susanna sia arrabbiata, ci sono innumerevoli modi per mostrarlo. Forse fatica a respirare, ha le mascelle serrate o parla con voce gutturale. Una di queste cose comunicherà le emozioni molto meglio che dicendo solo che è arrabbiata. Per esempio:

> Quando Max parlò, Susanna si sentì arrossire. La rabbia le aveva chiuso la gola.

T. S. Eliot una volta ha detto:

> L'unico modo per esprimere emozioni sotto forma di arte è trovare un "correlativo oggettivo": in altre parole, una serie di oggetti, situazioni, eventi che siano collegati a quella particolare emozione. Quando vengono descritti i fatti esterni che terminano in un'esperienza sensoriale, l'emozione viene subito evocata.

In altre parole, Eliot vi sta chiedendo di far sentire al lettore le stesse emozioni della persona che state descrivendo, elencando una serie di dettagli che portino all'empatia.
La narratrice del romanzo *Disturbances in the field* di Lynne Sharon Schwartz non scrive:

> Ero depressa dopo la nascita di Althea.

Ma scrive:

> Quando lei succhiava il latte dai miei capezzoli, lei mi stava succhiando via la vita, e quando aveva finito non mi reggevo in piedi... ero tagliata fuori dalle sottigliezze del linguaggio comune, come una straniera.

In questo modo sentiamo le sue stesse sensazioni. Le emozioni e i pensieri dei personaggi possono influenzare tutte le descrizioni. Come visto nel quarto capitolo, spesso la narrazione è filtrata dagli occhi e dalla coscienza di uno o più personaggi. Tenete a mente che tutto è soggettivo dal punto di vista, e che questa soggettività influenza il modo in cui viene descritto qualcosa.

John Gardner chiedeva ai suoi studenti di scrivere la descrizione di un granaio dal punto di vista di un uomo che ha appena ucciso qualcuno. L'idea era che la descrizione sarebbe stata influenzata dai sentimenti dell'uomo dopo il delitto. Forse la claustrofobia del luogo chiuso gli avrebbe ricordato i sentimenti provati mentre uccideva, o forse la porta rossa gli avrebbe ricordato il sangue. In misura diversa, questo accade ogni volta che scrivete attraverso il punto di vista di un personaggio.

Per esempio il romanzo *Men and Angels* di Mary Gordon è raccontato in parte dal punto di vista di Laura, una giovane baby-sitter mentalmente instabile, che si innamora del migliore amico del suo datore di lavoro. Ecco cosa pensa di lui:

> Lei sapeva di piacere davvero ad Adrian. Lui le aveva detto che era una persona che sapeva ascoltare. Era l'uomo più bello che avesse mai visto, con i suoi folti capelli brizzolati, le sue camicie aperte, le sue spalle. Lei avrebbe voluto tanto rimanere sola in una stanza con lui, senza Anna nei dintorni. Se lei avesse ascoltato Adrian, lo avesse guardato negli occhi mentre le parlava, lo avesse lodato per qualsiasi cosa avesse detto, un giorno lui le avrebbe voluto bene più di quanto ne voleva ad Anna.

Adrian è davvero così bello? Forse, o forse no. ma lo è per Laura. Ad Adrian piace la ragazza? Forse no, ma Laura ne è certa. Questo narratore, anche se in terza persona, ci fornisce le percezioni del personaggio, non i fatti oggettivi.

Esercizio. Descrivete un personaggio che è in procinto di fare le pulizie di casa. Scrivete dal pdv di questo personaggio (decidete voi se in prima, seconda, terza persona), ciò vuol dire che i suoi sentimenti influenzeranno la descrizione. Ecco la sfida: il personaggio si è appena innamorato, e le sue emozioni devono colorare la descrizione, restando comunque sullo sfondo. Successivamente riscrivete il brano, ma questa volta il personaggio ha appena vissuto la dolorosa rottura della sua relazione. I due brani mostreranno il modo in cui i sentimenti delle persone influenzano la visione del mondo.

Con *Ulisse*, James Joyce ha tentato di unire in maniera indivisibile le descrizioni con la mente dei personaggi. Nel brano che segue, la descrizione segue il flusso dei pensieri di una giovane donna, in cui la vista del mare sprigiona ricordi di disegni col gesso e incenso:

> Lei fissò il mare lontano. Era come i disegni che quell'uomo faceva sul selciato con il gesso, e che peccato lasciarli lì a sporcarsi, quando arrivavano la sera e le nuvole e la luce di Bailey sull'Howth, e ascoltare musica come quella e il profumo di quell'incenso che bruciavano in chiesa...

Come vedete non c'è limite alla profondità che le descrizioni possono raggiungere.

Capitolo sesto

DIALOGHI: PARLIAMONE

di Allison Amend

Ho avuto molti appuntamenti andati male. Alcuni erano appuntamenti al buio, in altri avrei voluto davvero essere al buio. Può sembrare strano, ma la scrittura creativa e gli appuntamenti sono in un certo senso magicamente collegati. Perché? Perché i dialoghi sono la chiave per il successo di un appuntamento e, allo stesso tempo, sono la chiave per una storia di successo. Non c'è niente di peggio che sedersi a un tavolo senza avere niente da dire, e non c'è sentimento più inebriante di quando si entra in sintonia con un'altra persona. E tutto grazie al dialogo. La narrativa può funzionare anche senza dialoghi, e mi sono capitati un paio di appuntamenti che sono andati bene anche senza parlare molto, ma in generale il dialogo è ciò che spinge ad andare avanti, in una storia come in un appuntamento. L'interazione tra i personaggi è ciò che affascina il lettore, e quasi sempre è il dialogo l'elemento essenziale di questa interazione. La parte sulla Guerra in *Guerra e Pace* è così noiosa (mi spiace dirlo) perché c'è solo l'autore che parla in continuazione come in un'interminabile lezione universitaria. Molto meglio ascoltare Natasha che parla con Andrei (nella parte sulla Pace), piuttosto che leggere freddi reportage sulle manovre militari. Sono i personaggi a interagire fra loro in una storia e sono sempre loro, non certo l'autore, ad avere il potere di influire sugli altri personaggi. Probabilmente il modo migliore per far sì che il lettore assista all'interazione tra i personaggi è lasciarli parlare fra loro. Se il dialogo è ben fatto, il lettore dimenticherà che tutte quelle persone sono nate dalla fantasia di uno scrittore, e i personaggi vivranno di vita reale. Non è questo lo scopo della narrativa?

IL DIALOGO SPIEGATO

In una storia, il dialogo è tutto ciò che non è narrazione. In altre parole, è quella parte inserita tra le virgolette, ciò che i personaggi dicono. Non ci sono regole fisse sulla quantità di dialogo da utilizzare. Alcune storie ne sono piene, altre no. Per esempio, *Colline come elefanti bianchi* di Hemingway è composto quasi interamente di dialogo, mentre *Metamorfosi* di Kafka non ha praticamente parti parlate.

Moltissime storie cercano di bilanciare la narrazione e il dialogo; saltare da una tecnica all'altra rende le opere di narrativa una diversa dalle altre. La narrazione rallenta la lettura e provoca sentimenti complessi, mentre il dialogo si legge velocemente e lascia molti spazi bianchi, e quindi comprime gli eventi. Proprio come in un appuntamento, non si deve parlare troppo ma neanche bloccare la conversazione. Deve essere uno scambio, un "dai-e-vai". Ci sono due modi attraverso cui uno scrittore può raccontare ogni momento della storia: il sommario e la scena. Il sommario, come dice il nome, riassume gli eventi raccontandoli. Al contrario, la scena si svolge in tempo reale, e ci mostra esattamente cosa accade. Nelle scene è presente il dialogo. L'effetto è quello di assistere a un film, dove gli attori parlano e interagiscono. Entrambe queste tecniche sono usate frequentemente, ma così come mostrare è più efficace che dire, allo stesso modo la scena è più efficace del sommario. Infatti la scena è il mezzo attraverso cui uno scrittore "mostra". Il sommario andrebbe conservato per quando si vuole informare velocemente il lettore su un momento poco importante, o quando si vuole rendere evidente la presenza del narratore. Per i momenti importanti, meglio affidarsi alla scena. Nel racconto *People like that are the only people here* di Lorrie Moore, una madre porta da un dottore suo figlio gravemente ammalato. Moore avrebbe potuto raccontare la scena con un sommario, così:

> Mentre il dottore spiegava che il bambino aveva un tumore, il bambino passava il tempo ad accendere e spegnere la luce, accesa e spenta, accesa e spenta, aumentando il nervosismo e la paura di sua madre. Quando il dottore pronunciò la parola "tumore", la stanza precipitò nell'oscurità.

Come sommario va bene, ma adesso osservate com'è più potente e drammatico questo stesso momento mostrato con una scena, come effettivamente succede nel racconto:

> Il bambino voleva alzarsi e giocare con l'interruttore della luce. Si agitava e faceva chiasso. «È fissato con le luci, in questi giorni» spiegò la madre. «Non fa niente» disse il medico, indicando l'interruttore «lo lasci giocare». La madre lo lascia andare, e il bambino inizia a giocare con l'interruttore, accendendo e spegnendo la luce. Acceso e spento, acceso e spento. «Wilm ha un tumore» disse il medico, e la stanza precipitò subito nell'oscurità. Aveva detto "tumore" come se fosse la cosa più normale del mondo. «Wilm ha...» ripete la donna. La stanza è rapidamente illuminata, poi è di nuovo al buio. Tra le tre persone c'è un lungo attimo di silenzio, come se fosse improvvisamente notte «ha detto tumore?».

Qui vediamo e ascoltiamo la scena con così tanti dettagli che ci sembra di essere presenti. Fate caso al modo in cui l'accensione e lo spegnimento della luce interagiscono col dialogo, e fate anche attenzione al contrasto tra la calma del dottore e il nervosismo della madre, magnificamente illustrato con la irrilevante domanda finale. La versione in sommario fa solo il punto della situazione, la scena ci immerge nella narrazione. È possibile anche trovare scene senza dialogo, dove la narrazione è portata avanti da azioni fisiche, ma si tratta di eccezioni. Come si fa a sapere se un momento va raccontato con il dialogo o no? Per prima cosa bisogna ricordare che il dialogo attira l'attenzione su di sé, perciò se si usa il dialogo bisogna essere certi che quel momento sia significativo, vuoi per lo sviluppo dei personaggi o della trama, o perché è un momento estremamente drammatico. Una scena di dialogo di sei pagine in cui i personaggi parlano di un ingorgo stradale, seguita da una scena di sei pagine in cui gli stessi personaggi rivelano le proprie infedeltà serve solo ad aumentare l'importanza della prima scena e diminuire il potere della seconda, sempre che il lettore sia sopravvissuto alle prime sei pagine di traffico. Un bravo scrittore racconterebbe solo lo stretto necessario sul traffico, e userebbe il dialogo per la parte più importante. I momenti clou si prestano maggiormente a essere raccontati con il dialogo. Se un momento è davvero importante, il lettore vuole essere in prima fila. Spesso, gli autori scelgono il dialogo per mostrare un confronto, come quando Patricia accusa sua sorella di averle rubato il ragazzo, o quando Richard trova il coraggio di chiedere al padre se ha mentito sulla sua carriera militare. In questo caso il dialogo non mostra un momento decisivo, ma il lettore deve terminare la lettura della scena con l'impressione di saperne di più sulla storia. Nel racconto *Grifone* di Charles Baxter, la vita di un ragazzo annoiato è sconvolta dall'arrivo di una misteriosa supplente che fa risvegliare la sua immaginazione. Per mostrarci il punto di vista poco ortodosso dell'insegnante, Baxter la fa parlare:

> «Non lo sapevate» chiese, camminando per la stanza e fermandosi di fronte al guardaroba «che George Washington aveva sangue egiziano da parte di sua nonna? Certi articoli della Costituzione degli Stati Uniti provengono da idee egiziane».

Ma uno degli alunni è scettico, perciò è importante sentire la sua reazione:

> «Non credo a quella cosa sugli uccelli» disse Carl «e quello che ci ha detto sulle piramidi? Non credo neanche a quello. Lei non sa di cosa parla».

Quando la supplente legge i tarocchi in classe e profetizza una morte, uno degli studenti lo racconta al preside, e l'insegnante viene licenziata. Il climax della storia avviene quando esplode la rabbia del protagonista. Questo momento è ovviamente raccontato col dialogo:

> «Tu hai fatto la spia» urlai «lei stava solo scherzando». «Non doveva farlo» urlò lui in risposta «avremmo dovuto studiare aritmetica». «Ti ha spaventato» dissi «sei un coniglio. Sei un coniglio, Wayne. È così. Spaventato per una carta» lo canzonai. Wayne si lanciò su di me, i suoi pugni mi martellavano il naso ma io gli assestai un destro nello stomaco e poi provai a colpirlo alla testa. Mentre prendevo la mira, vidi che stava piangendo. Lo colpii con violenza.

Per tutta la storia, Baxter alterna scene e sommari, ma sa esattamente quali momenti hanno bisogno del dialogo.

L'ILLUSIONE DELLA REALTÀ

Tutti parliamo, o quasi tutti, e perciò si potrebbe pensare che il dialogo sia l'aspetto più facile della narrativa. Dopotutto, lo facciamo ogni giorno. E invece i dialoghi efficaci sono difficili da scrivere. Per prima cosa, bisogna assicurarsi che i dialoghi sembrino veri. Nei secoli passati, il dialogo nella narrativa era un po' aulico, come dimostra questo brano da *Cime tempestose* di Emily Brontë:

> «Perché, padrone Heatcliff, non volete fare una passeggiata questa mattina. Sembrate così malato!».

Ma al giorno d'oggi i dialoghi si avvicinano al parlare comune. Ciò che viene detto non deve sembrare innaturale. Ed è troppo facile scrivere qualcosa come questo:

> Guardando per la prima volta il Grand Canyon, Jeannie-Lynn e Billy-Joe esclamarono: «Che splendida visuale!». «Vedete?» disse la loro madre «Il sottobosco crea un panorama di verde lussureggiante nell'immensità del canyon». «Ne parlerò ai miei compagni di classe» disse Jeannie-Lynn.

Le persone non parlano così. Parlano così:

> Quando finalmente raggiunsero la cima del Gran Canyon, Jeannie-Lynn e Billy-Joe spalancarono gli occhi per la meraviglia «Wow» esclamò Billy-Joe. «Che bello!» si stupì Jeannie-Lynn. «Vedete quegli alberi che abbiamo trovato anche nel giardino della nonna?» disse la mamma. I bambini annuirono. «Non vedo l'ora di raccontarlo» disse Jeannie-Lynn «Facciamo una foto?».

Il modo migliore per imparare a scrivere dialoghi realistici è ascoltare le persone parlare. Ascoltatele sull'autobus, in ascensore, alla radio; fate attenzione al modo in cui parlano e al contenuto delle loro conversazioni. Potete anche trascriverle. Questo vi aiuterà a sviluppare un certo orecchio per il dialogo.

Alcune piccole regole. Usate le contrazioni, le interiezioni e i termini colloquiali, proprio come li usa la gente. Anche se agli scrittori viene raccomandato di evitare i cliché, i personaggi possono usarli. "Caldo come l'inferno" in una descrizione non funziona, ma sarebbe perfetto se lo usasse un certo tipo di personaggio. Ma limitarsi a catturare il realismo del dialogo non è sufficiente. I lettori si aspettano molto dal dialogo in una storia, molto più che nella vita reale. Il dialogo deve avere impatto, deve essere rilevante e portare avanti la vicenda. La maggior parte delle conversazioni nella vita reale sono lente, noiose, o almeno lo diventerebbero sulla carta. Provate a trascrivere una conversazione che ascoltate, oppure registratene una e trascrivetela. Nel migliore dei casi sarà noiosa, ma molto probabilmente non avrà molto senso, o ci metterà molto tempo per arrivare al punto. Ecco un esempio di conversazione trascritta:

«Pronto? Ciao».
«Oh, ciao».
«Hey Dana. Sono Gina».
«Oh, ciao. Aspetta un attimo. Ecco, ci sono».
«Ciao, che fai?».
«Mah, niente. Come stai?».
«Bene. Dove sei?».
«Al cellulare».
«Sì, ma dove?».
«Ah, sono per strada. Sto tornando a casa».
«Ah sì?».
«Già».

Questa conversazione non vuol dire assolutamente niente, perché è troppo vicina al modo comune di parlare. Proviamo a modificarla:

«Ciao Dana. Sono Gina».
«Hey. Come va?».
«Bene. Cioè, non c'è male. Che fai?».

Abbiamo compresso la conversazione, ma questo non basta a farne un dialogo di qualità, perché continua a non significare nulla. Ma basta poco per trasformarla:

«Ciao Dana, sono Gina».
«Ciao, stavi aspettando che ti chiamassi?».
«Già, è mercoledì. Allora, andiamo a vedere un film?».
«Devo sentire cosa vuole fare Matt».

In questo dialogo, riusciamo a sentire la tensione tra i personaggi. Gina è un po' irritata, come se fosse abituata all'indecisione di Dana. E vediamo che Dana evita di fare progetti, a causa di Matt. In quattro frasi, il dialogo ci ha dato informazioni interessanti. Riassumendo, il dialogo deve sembrare reale ma non troppo, e deve dire qualcosa di importante.

Esercizio. Cercate di ricordare una conversazione che avete avuto di recente. Trascrivetela cercando di rimanere fedeli all'originale. Non cancellate le parti noiose, fate conto di sbobinare una conversazione registrata. Scrivete i nomi di chi parla, come in una sceneggiatura, poi riscrivete il dialogo, questa volta rendendolo conciso e interessante. Potete anche dare ai personaggi nomi di fantasia e abbellire le frasi.

CONVENZIONI

Le convenzioni sono ciò che ci aspettiamo di trovare, le aspettative nate quando alcune cose vengono fatte sempre in un certo modo. Ci aspettiamo che una sposa vesta di bianco, e che gli steward sull'aereo ci indichino le uscite d'emergenza. Anche i dialoghi seguono le convenzioni, vediamo quali. Le virgolette segnalano che qualcuno sta parlando:

«Ragazzo, hai visto la mia scarpa sinistra?».
«Prova a guardare il tuo piede destro».

A volte, le virgolette vengono sostituite da apici, caporali o linee, o anche da nulla:

Ragazzo, hai visto la mia scarpa sinistra?
Prova a guardare il tuo piede destro.

Le virgolette e le linee sono i metodi più usato, e quindi più riconoscibili da parte dei lettori, ma anche gli altri possono andare bene: l'importante è non cambiare metodo all'inteno dello stesso brano. Di solito, chi parla ha a disposizione almeno un intero rigo, indipendentemente dalla lunghezza del discorso:

«Ti senti meglio, amico?» domandò il secondino, mentre cercavo di smaltire la sbornia.
«Sta' zitto» dissi.
«Okay, okay».
Mi appoggiai al sedile di legno e provai a chiudere gli occhi.

Il fatto che ogni linea del dialogo occupi un rigo sottolinea la sua importanza e rende più semplice seguire il flusso della conversazione. A volte gli scrittori non rispettano questa convenzione. Non è un errore, ma rischia di confondere il lettore.
Una delle maggiori convenzioni nel dialogo è l'uso delle frasi di attribuzione. In un dialogo, gli scrittori aggiungono queste frasi in modo che il lettore capisca chi sta parlando.
"Disse" è l'attribuzione più usata. Potete scrivere solo "disse" e nessuno lo noterà. Può sembrarvi noioso scrivere "lui disse", "lei disse" di continuo, ma il lettore è allenato a guardare le attribuzioni come se fossero virgole o punti. Se anche usate "disse" 500 volte, il lettore non ci farà caso:

«Vuoi bere?» disse lei.
«Sì, grazie» disse lui.

Potete usare altri verbi oltre a "dire", ma non devono mai sembrare forzati:

«Vuoi bere?» domandò lei.
«Sì, grazie» rispose lui.

Può essere pericoloso cercare di uscire dagli schemi. Si può essere tentati di affidarsi a sinonimi come "proferire", "annunciare", "dichiarare", "affermare" e così via, ma questi possono rivelarsi un'arma a doppio taglio, facendo sembrare innaturali i comportamenti dei personaggi:

«Vuoi bere?» lo interrogò lei.
«Sì, grazie» proclamò lui.

Questi verbi sono troppo forti per una frase così banale. Potete *proclamare* la vostra libertà dalla tirannia, ma *dite* di voler bere. Allo stesso modo bisogna fare attenzione agli avverbi nelle attribuzioni: fanno sembrare l'autore un dilettante. Deve essere il tono della voce a spiegare il modo in cui una frase viene pronunciata, non c'è bisogno di specificare che i personaggi parlano "graziosamente" o "sarcasticamente". A volte gli avverbi sono utili, ma bisogna usarli con cautela perché attirano attenzione su di sé nel modo sbagliato, e spesso sono superflui:

> «NON URLARE CON ME!!!» gridò violentemente.

A proposito, troppi punti esclamativi in un dialogo fanno sembrare le frasi simili alle e-mail di un adolescente innamorato. Evitateli!! Quando attribuite una frase, l'attribuzione deve essere collocata nel posto giusto. Nella frase seguente l'attribuzione è chiaramente sbagliata:

> «Io non» disse lei «ti amo più».

È giusto così:

> «Io non ti amo più» disse lei.

Se la frase è lunga, si può collocare l'attribuzione al centro, in modo che il lettore sappia chi sta parlando. In questo caso, le attribuzioni devono seguire una pausa del discorso, come in questo caso:

> «Io non ti amo più» disse lei «anche se continuerai a scrivermi poesie tutti i giorni e mi dirai che sono la donna più bella sulla faccia della terra».

Le attribuzioni non sono l'unico modo per indicare chi è che parla. I personaggi possono chiamarsi per nome, come in questo esempio:

> «Hey, Pete, hai da accendere?».

Occorre però fare attenzione e usare questo sistema solo in casi specifici, perché di solito le persone non si chiamano per nome quando parlano tra loro:

> «Bonnie Marie McGee, per favore mi passeresti l'insalata?».
> «Con piacere, zia Fiona».

Il modo più efficace per attribuire una frase è legare il dialogo a un'azione:

> «Non so se credo in Dio» Bert mise giù la sua tazza di caffè e guardò fuori dalla finestra.

O legare il dialogo a un pensiero:

> «Mi dia un etto di quel prosciutto» Marsha si chiese se era stata troppo brusca. «Per favore» aggiunse.

Non è necessario usare le attribuzioni per ogni frase di un dialogo se è chiaro chi sta parlando. Questo è un brano tratto da *Colline come elefanti bianchi* di Hemingway, dove un uomo e una ragazza sono seduti al tavolino di un bar, in Spagna:

La ragazza guardò il disegno di fronte. «Ci hanno scritto qualcosa». disse «che vuol dire?».
«Anis del Toro. È un drink».
«Possiamo provarlo?».
L'uomo disse «Ascolta» attraverso la tenda. La donna uscì dal locale.
«Quattro reales».
«Vogliamo due Anis del Toro».
«Con acqua?».
«Lo vuoi con acqua?».
«Non so» disse la ragazza.
«È meglio con l'acqua?».
«È buono».
«Lo volete con acqua?» chiese la donna.
«Sì, con acqua».

Con un uso ridotto ma ragionevole di attribuzioni, non abbiamo problemi a capire chi sta parlando, nonostante ci siano in scena tre personaggi, nessuno dei quali sembra avere un nome.

MOVIMENTI DI SCENA

Unire azioni fisiche ai dialoghi aggiunge vitalità e verosimiglianza alle scene. Guardatevi attorno quando siete in mezzo alla gente: potete capire la personalità di chi vi circonda osservando come interagisce con gli altri. Le persone che hanno bisogno di compagnia gesticolano molto, le persone che vogliono sedurre si passano le mani fra i capelli, le persone infantili giocano con le molliche di pane e le lanciano lontano, le persone nervose parlano ad alta voce, chi vuole attirare l'attenzione prova a farsi notare in ogni modo. Tutti questi gesti, uniti alle parole, forniscono un'idea precisa dei personaggi, senza bisogno di dire «Lei provò a sedurlo» o «Aiden era nervoso». Quando l'autore non spiega cosa succede, se i personaggi sono in piedi o seduti, se mangiano o guidano, la scena sarà piatta, e i personaggi sembreranno teste parlanti. Nelle commedie e nei film ci sono gli attori a interpretare i dialoghi attraverso gesti, movimenti, espressioni e tono di voce. Questi particolari possono essere adoperati anche nella narrativa con un uso attento di ciò che possiamo definire "movimenti di scena". Osservate in che modo le azioni danno vita a questa scena dal racconto *Emergency* di Denis Johnson. Il protagonista sta parlando con il suo amico e collega inserviente in ospedale, Georgie, che «spesso ruba le pillole dagli armadietti»:

Stava correndo sulle piastrelle del pavimento della sala operatoria con uno strofinaccio.
«Sei ancora qui?» dissi.
«Cristo, c'è un sacco di sangue, qui» si lamentò.
«Dove?» il pavimento mi sembrava abbastanza pulito.
«Che accidenti stavano facendo qui?» mi chiese.
«Un'operazione chirurgica, Georgie» gli dissi.

> «C'è così tanto sangue dentro di noi, amico» disse «e vuole tutto uscire fuori» appoggiò lo strofinaccio all'armadietto.
> «Che stai blaterando?» non capivo.
> Lui rimase immobile, poi portò le braccia lentamente dietro la testa e legò la sua coda di cavallo. Poi afferrò lo strofinaccio e iniziò a fare ampi cerchi nell'aria, tremando e gridando e muovendosi velocemente «Cosa sto blaterando *io*?» disse «Cristo. Wow, fantastico, perfetto».

I movimenti di scena sono molto utili quando c'è un conflitto tra ciò che un personaggio dice e ciò che pensa. Se un personaggio dice di stare bene e poi inizia a piangere, il lettore sa che non sta affatto bene. Come in questo esempio:

> «Niente di ciò che dici può ferirmi» disse lei, ricacciando indietro le lacrime.

Usare le azioni può anche servire a spiegare il tono delle parole. "'Ti odio', disse lei, sbattendo la porta" è molto diverso da "'Ti odio', disse lei, dandole un buffetto sul braccio".
Bisogna però evitare che ci siano troppi movimenti di scena. Il lettore non ha bisogno di conoscere ogni singolo movimento del personaggio, se si pesa, si pulisce le orecchie o fa il bucato. Come in questo caso:

> Lei prese la caraffa dal frigorifero. «Ho bevuto così tanto?» si chiese «oppure ho dimenticato di riempirla?». Inclinò la caraffa versando il chiaro, freddo liquido nel bicchiere. La condensa immediatamente iniziò ad allargarsi sul vetro. Lei mise a posto la caraffa nel frigo, vicino al kiwi e ad un barattolo di olive ancora sigillato. «Oh» disse «vuoi un po' d'acqua anche tu, mamma?».

In questo esempio, il lettore presumibilmente non vede l'ora di arrivare al punto centrale della storia.

> **Esercizio.** Prendete la seconda versione del dialogo che avete scritto per l'esercizio precedente. Usando la stessa conversazione come base, riscrivete il dialogo aggiungendo frasi di attribuzione e movimenti di scena. Le attribuzioni devono spiegare chi sta parlando, e i movimenti di scena devono aggiungere significato alla scena. Inoltre, sarebbe meglio che uno o più personaggi fossero impegnati in azioni fisiche. Alla fine, vi stupirete di come avete portato la vita reale in un brano di narrativa.

DIALOGO INDIRETTO

Fin qui abbiamo parlato del discorso diretto, dove cioè viene riportato parola per parola tutto quel che viene detto. Ma c'è un'altra possibilità: il discorso indiretto, in cui il dialogo viene riassunto e appare come sommario piuttosto che come scena. Il discorso indiretto può tornare utile quando il senso di ciò che viene detto è più importante del dialogo in sé.
Leggete questo passaggio da *Smokers* di Tobias Wolff. Qui il narratore è avvicinato da un ragazzo noioso che viaggia con lui in treno per andare alla sua stessa scuola:

> Cominciò a parlare quasi nell'esatto momento in cui si sedette, e non smise finché non fummo a destinazione. Stavo andando a Choate? Che coincidenza, anche lui. Ero al primo anno? Anche lui. Da dove venivo? Dall'Oregon? Lui invece veniva dall'Indiana – Gary, Indiana. Conoscevo la canzone, no? La conoscevo, ma per sicurezza iniziò a cantarla, e la cantò tutta fino alla fine.

Riassumendo le domande dello scocciatore, ci viene risparmiata una conversazione monotona, ma riceviamo ugualmente le informazioni essenziali – la loquacità del ragazzo che cerca di attaccare discorso e la noia del narratore – e le riceviamo in maniera più efficace. In questo caso, il lettore non ha bisogno di seguire tutta la conversazione. Ecco un altro esempio dallo stesso racconto, in cui Wolff usa sia il discorso diretto che quello indiretto:

> Talbot e io eravamo seduti sull'erba e io gli facevo domande di cui conoscevo già la risposta, da dove veniva e dove era andato a scuola l'anno prima e chi gli insegnava inglese. Questa domanda lo scosse. «Inglese? Parker, quello calvo. Avevo ottimo in tutte le materie e adesso Parker mi dice che non so scrivere».

Ecco il punto della conversazione, che viene evidenziato con il discorso diretto.
Quindi, oltre a domandarsi se una scena deve essere raccontata tramite il dialogo, bisogna anche chiedersi se la migliore scelta sia il discorso diretto o quello indiretto.

> **Esercizio.** Tornate al dialogo che avete scritto nell'esercizio precedente. Adesso arrivate al punto centrale con poche frasi in discorso indiretto e sommario. Oltre a raccontare i fatti, aggiungete tensione tra i personaggi. Se volete aggiungere un paio di frasi in discorso diretto fate pure. In ogni opera di narrativa vi troverete a scegliere tra il discorso indiretto e quello diretto.

DIALOGO E PERSONAGGI

Nella vita reale, non potete dire di conoscere qualcuno se prima non avete parlato con lui: lo stesso principio si applica alla narrativa. È sulla base di ciò che esce dalle sue labbra che decidete se questa persona vi piace e volete approfondire la conoscenza.
Ad esempio, piuttosto che sentir dire che il signor Jackson ha un'educazione raffinata e che ama l'opera lirica tedesca, è meglio sentire dalla sua voce una frase del genere:

> «Sono attratto intellettualmente da Ms. Mason. Ha una sensibilità wagneriana che va approfondita».

Nella vita reale ogni persona parla in una maniera inconfondibile, e lo stesso deve valere per la narrativa. Così come fate attenzione ai tratti specifici dei vostri personaggi, dovete fare attenzione anche alle caratteristiche del linguaggio. Evitate di descrivere personaggi che parlano tutti allo stesso modo o, peggio, che parlano tutti come voi. Cercate dei tratti distintivi che identifichino i personaggi non appena aprono la bocca.

Le persone spesso usano un intercalare come «Santo cielo», «Accidenti», «Oh mio Dio» e così via. Bartleby, protagonista dell'omonimo racconto di Herman Melville, ripete la frase «preferirei di no» in ogni occasione, anche quando il suo capo gli dice che deve lasciare il lavoro.

Chiedetevi come dovrebbero parlare i vostri personaggi. Devono usare frasi colloquiali e sgrammaticate, oppure devono parlare "perfettamente"? Girano intorno agli argomenti o arrivano subito al punto?

Questo è un esempio da *Il giovane Holden*, in cui il protagonista sta conversando con un tassista di New York:

> «Hey, Horwitz» dissi «hai presente il laghetto in Central Park? A sud di Central Park?».
> «Il *cosa*?».
> «Il lago. È piccolo, così, ecco. Dove ci sono le anatre. Hai capito».
> «Sì, e allora?».
> «Beh, hai presente le anatre che sono lì? Che arrivano in primavera? Hai idea di dove vanno in inverno?».
> «Dove vanno *chi*?».

Questi due personaggi sono chiaramente diversi e parlano in modo molto diverso. Possiamo distinguerne le personalità. Holden è chiacchierone, curioso, anche un po' nervoso. Il tassista vuole solo guidare in pace, e non gli importa niente di quelle dannate anatre.

Questo è invece un esempio da *Il lamento di Portnoy*, dove una madre ebrea parla a suo figlio adolescente:

> «Non credo in Dio».
> «Togliti questa tuta, Alex, e mettiti dei vestiti decenti».
> «Non è una tuta, sono dei Levi's».
> «Per me stai indossando una tuta! Levatela e mettiti una cravatta, una giacca e un paio di pantaloni e una camicia pulita, e poi sembrerai un essere umano. E le scarpe, signorino, scarpe eleganti».
> «La mia camicia è pulita».
> «Oh, ti stai sbagliando di grosso. Hai quattordici anni, signorino, e credimi, tu non sai tutto quello che c'è da sapere. Togliti questi mocassini. Chi diamine credi di essere, un indiano?».

Entrambi i personaggi provengono dalla stessa famiglia, ma si esprimono in modo molto diverso. Non ci sono frasi di attribuzione, e la madre chiama per nome il figlio solo poche volte. Quando i personaggi parlano in maniera così particolare, non abbiamo problemi a capire chi sta parlando in un dato momento.

Adesso fate caso a come i due personaggi appena visti sembrano diversi da questi due servitori di un lord inglese nel romanzo *Quel che resta del giorno* di Kazuo Ishiguro:

Miss Kenton era entrata e, rimanendo sulla porta, disse:
«Mr. Stevens, ho appena visto qui fuori una cosa strana».
«Di che si tratta, Miss Kenton?».
«È stata sua Signoria a chiedere che il cristallo cinese sul pianerottolo venisse scambiato di posto con quello qui fuori?».
«Il cristallo cinese, Miss Kenton?».
«Sì, Mr. Stevens. Il cristallo cinese che di solito è sul pianerottolo adesso si trova fuori da questa porta».
«Ho paura, Miss Kenton, che vi siate confusa».
«Non credo di essermi confusa affatto, Mr. Stevens. Ho imparato il posto di ogni oggetto in questa casa. I cristalli, suppongo, sono stati puliti da qualcuno e poi rimessi nei posti sbagliati. Se non ci credete, Mr. Stevens, forse dovreste uscire e controllare da voi».
«Miss Kenton, al momento sono occupato».
«Ma, Mr. Stevens, voi non sembrate credere a quel che sto dicendo. Per questo vi chiedo di uscire a controllare».
«Miss Kenton, ora sono impegnato, ma me ne occuperò a breve. Non è urgente».
«Quindi accettate, Mr. Stevens, che non sto sbagliando».
«Non accetto nulla del genere, Miss Kenton, finché non avrò controllato di persona. Tuttavia, al momento sono occupato».

Non solo questi due personaggi parlano in modo formale, ma si innervosiscono in modo formale. E anche se entrambi cercando di controllarsi, Miss Kenton ha qualche difficoltà a tenere a freno le sue emozioni.
Oltre a spiegare chi sono i personaggi, il dialogo dà senso alla loro interazione. Torniamo dall'uomo e dalla ragazza di *Colline come elefanti bianchi*. Hanno bevuto il loro Anis del Toro ordinato poco prima:

«Sa di liquirizia» disse la ragazza e mise giù il bicchiere.
«È così con tutto».
«Sì» disse la ragazza «sa tutto di liquirizia. Specialmente le cose che aspettavi da tanto, come l'assenzio».
«Oh, piantala».
«Hai cominciato tu» disse la ragazza «io stavo scherzando, volevo divertirmi».
«Bene, allora proviamo a divertirci».

Non c'è bisogno che l'autore ci spieghi che c'è tensione nella coppia, possiamo sentirlo da noi, come se fossimo seduti al tavolino accanto. La tensione tra i personaggi quasi sempre aggiungerà interesse al dialogo.
In *Cattedrale*, ecco il dialogo che avviene poco dopo l'arrivo del cieco:

«Hai fatto buon viaggio?» gli chiesi «Da quale lato del treno ti sei seduto?».
«Che domanda!» disse mia moglie «Che importanza ha da quale lato?».
«Era solo una domanda» dissi.
«Sul lato destro» disse il cieco «Erano quarant'anni che non salivo su un treno. Da quando ero ragazzo. Con i miei genitori. Parecchio tempo fa. Avevo quasi dimenticato la sensazione. Adesso ho l'inverno nella barba» disse «o almeno così mi hanno detto. Mi dà un'aria distinta, mia cara?» chiese a mia moglie.

Qui sentiamo chiaramente la tensione tra il narratore e sua moglie, che deriva dai sentimenti dell'uomo verso l'ospite. A dispetto dell'atteggiamento del narratore, Robert, il cieco, sembra essere a suo agio. usa anche un tocco di poesia parlando di "inverno nella barba", quella poesia che lo unisce alla moglie del narratore, che a sua volta invece ne è infastidito. Un triangolo molto complesso è illustrato con pochi ma efficaci particolari in un breve passaggio.

> **Esercizio.** Jessica, un'insegnante universitaria (scegliete voi la materia) si ferma a una stazione di servizio di qualche paesino sperduto. Le si fa incontro Alvin, il gestore, che cerca di attaccare discorso. Alvin è un tizio poco educato, e vuole chiacchierare per passare il tempo. Jessica non ha voglia di chiacchierare, ma non vuole neanche allontanare Alvin, perché cerca informazioni sui ristoranti della zona. Scrivete un brano con Alvin e Jessica, usando dialogo, frasi di attribuzione e movimenti di scena. Il vostro obiettivo è quello di catturare l'essenza di questi personaggi attraverso il modo in cui parlano.

SOTTOTESTO

Se visitate l'apposito reparto in una qualsiasi libreria, troverete migliaia di libri sulla comunicazione nella coppia. Nella nostra società le persone parlano molto, ma non sempre riescono a comunicare. Le persone spesso non dicono ciò che pensano. A volte dicono l'opposto. Nascondono insulti in un linguaggio affettato (o viceversa). Non ascoltano. Fraintendono. Non rispondono. Stanno in silenzio.

Fare tesoro dei problemi di comunicazione rende più verosimili i dialoghi e aggiunge tensione. La tensione deriva dal divario tra ciò che viene detto e il sottotesto – il significato tra le righe. Il dialogo con il sottotesto ha due livelli di lettura.

Un grande esempio di sottotesto lo troviamo nel film *Io e Annie*. Woody Allen e Diane Keaton, che si sono conosciuti da poco, sono su una terrazza e parlano con un certo nervosismo.

Lei dice «Sai, mi...mi...mi piacerebbe partecipare a un corso di fotografia». Ma ciò che pensa realmente appare nei sottotitoli «Probabilmente penserà che sono una stupida». Poi lui dice: «La fotografia è interessante, perché, sai, è...è una nuova forma d'arte, e...uh...non sono ancora emersi tutti i metri di giudizio». Ma il sottotitolo dice: «Chissà come starebbe nuda?». Quanto sembra reale questa conversazione? Probabilmente molto più di quanto ci piacerebbe ammettere.

Anche se non potete usare i sottotitoli in narrativa, il sottotesto può comunque essere utilizzato.

Nel *Il grande Gatsby*, quando Gatsby mostra a Daisy la sua splendida collezione di camicie ricamate, ecco come reagisce la donna:

> «Sono camicie splendide» singhiozzò, la voce rotta «mi rende triste perché non ne ho mai viste di così belle».

Daisy singhiozza per molte buone ragioni, e la collezione di camicie non è nessuna di queste. La sua incapacità di esprimere i sentimenti aggiunge una amara ironia a questa scena.
Infine, ecco un altro dialogo da *Cattedrale*. Il narratore e sua moglie discutono sui preparativi per l'arrivo del cieco. Mentre leggete, provate a capire se i personaggi parlano in sottotesto o no:

> «Potrei portarlo al bowling» dissi a mia moglie. Lei era in cucina e preparava le patate. Mise giù il coltello e si girò a guardarmi.
> «Se mi ami» disse «puoi farmi questo favore. Se non mi ami, allora okay. Ma se tu avessi un amico, un qualsiasi amico, e lui venisse a trovarti, cercherei di metterlo a suo agio» si asciugò le mani con uno strofinaccio.
> «Non ho amici ciechi» dissi.
> «Tu non hai amici e basta» disse. E aggiunse «dannazione, sua moglie è appena morta. Non capisci? Quell'uomo ha perso sua moglie!».

Se avete risposto sì, avete ragione. Se avete risposto no, avete ragione. Il narratore parla in sottotesto. Quando dice «potrei portarlo al bowling», intende dire che è ridicolo passare il tempo con un cieco. Quando dice «non ho amici ciechi» vuole dire che avere un amico cieco è peggio che non avere amici. La moglie, invece, dice esattamente ciò che pensa. È una situazione davvero reale.
Quando riuscite a inserire nei dialoghi narrativi degli elementi di vita reale – confusione, fraintendimenti, ripetizioni ecc – e a renderli funzionali alla trama, i vostri dialoghi saranno praticamente perfetti.

Esercizio. Immaginate un marito e una moglie, o comunque una coppia di innamorati. Date loro nomi e caratteristiche. Uno dei due sospetta che l'altro lo abbia tradito (in qualche modo), e l'altro in effetti è colpevole (in qualche modo). Scrivete un dialogo tra questi due, in cui non si parli mai direttamente del tradimento, che deve restare tra le righe. Non entrate nei pensieri dei personaggi. La conversazione deve rimanere concentrata su argomenti futili: cosa mangeranno a cena, la politica, i film. Il risultato finale dovrebbe sembrare molto vicino alla realtà.

DIALOGHI SBAGLIATI

I cattivi dialoghi fanno sembrare i personaggi marionette, mere creazioni dell'autore. Ovviamente lo sono, ma il lettore dovrebbe dimenticarsene. I cattivi dialoghi mettono alla berlina l'autore, come fa Toto quando mette alla berlina il Grande e Potente Oz aprendo le tende ne *Il mago di Oz*. Quando potete vedere le macchinazioni dell'autore, l'illusione scompare.
Ricordate Mulder e Scully di *X-files*? Hanno lavorato assieme per nove anni eppure, ogni settimana, Scully doveva spiegare qualche semplice termine medico al povero e brillante Mulder. Perché? Perché gli spettatori dovevano conoscerlo. Ma il dialogo spesso non è un buon mezzo per le spiegazioni:

Scully: «Si è dissanguato da una ferita nella giugulare».
Mulder: «Intendi dire che è morto perdendo sangue dal collo?».

È impossibile che Mulder, esperto di ogni cosa paranormale e macabra, non sappia cosa significa "dissanguato" o non sappia dove sia la giugulare. Bisogna trovare altri modi per dare informazioni (forse la moglie della vittima vuole sapere cos'è successo, oppure si può mostrare la ferita sanguinolenta). Ho inventato questo dialogo, ma sarebbe potuto benissimo apparire in una delle puntate. Ma se questi dialoghi hanno un senso nei telefilm vanno assolutamente evitati nella narrativa.

«Troy, tu avevi sei anni quando tua madre ha lasciato te e tua sorella per unirsi a un circo come acrobata».

A meno che non sia smemorato, presumibilmente Troy non ha dimenticato un evento così drammatico, quindi che senso ha ricordarglielo? Il dialogo suona forzato e irreale. Molto meglio così:

«Troy, cresci! Sono passati vent'anni da quando tua madre se ne è andata, e tu ancora parli di quanto odi gli acrobati. Non credi che sia tempo di cambiare?».

Adesso c'è una buona ragione per queste informazioni. La spiegazione è ben inserita nel dialogo. Se potete trovare un modo efficace per introdurre una spiegazione nei dialoghi fate pure, altrimenti meglio trovare altri sistemi:

All'età di sei anni, Troy e sua sorella ebbero la sfortuna di essere abbandonati dalla loro madre, che volle seguire la sua ambizione di diventare un'acrobata circense.

Un'altra cosa da evitare è usare i dialoghi per fare le prediche. Alcuni scrittori, una volta conquistata la vostra attenzione, usano le loro storie come una tribuna politica. I loro personaggi espongono il punto di vista dell'autore su argomenti sociali o affini. Non date ai vostri personaggi un balcone da cui arringare la folla.
Se volete scrivere qualcosa a proposito dell'avidità umana, scrivete una lettera, ma non mettete in bocca a Johnny una requisitoria sul capitalismo mentre gioca a basket con gli amici:

Tu potresti pensare che le lotterie siano una buona idea, e invece ti dico che sono solo un gioco capitalista per diventare ricchi. Il capitalismo, amico mio, è la radice di tutti i mali. Oggi è la lotteria. Domani darai a una famiglia del Guatemala un penny a settimana per lavorare al posto tuo, così potrai viaggiare in prima classe e comprarti una casa in campagna.

Se il lettore si accorge che l'autore sta veicolando la propria opinione attraverso i personaggi, si sentirà manipolato e annoiato. Detto ciò, ci sono molti autori che riescono a farlo bene – Ayn Rand, Jean-Paul Sartre, George Orwell, ad esempio – ma è estramente difficile.

ULTIME AVVERTENZE

Alcune annotazioni sparse sui dialoghi. Per motivi che la moderna scienza non è ancora riuscita ad appurare, le parolacce scritte risultano molto più volgari di quelle dette a voce. Anche i personaggi più beceri non devono abusare di volgarità scritte. Se non ci credete, trascrivete un dialogo tra camionisti o scaricatori di porto, e capirete cosa intendo. Un paio di parolacce ben scelte funzioneranno molto di più di un'intera sfilza di volgarità.

Il dialetto. Usare il dialetto è come camminare sulle uova, bisogna andarci piano. Anche quando è fatto bene, il rischio è quello di distrarre il lettore.
Mark Twain è considerato un maestro del dialetto, ma è importante ricordare quant'è complicato leggere il personaggio di Jim nel romanzo *Le avventure di Huckleberry Finn.*
Se non volete scrivere in dialetto, potete in alternativa scrivere che un personaggio parla con un certo accento, o commentare questo fatto, e poi scrivere il dialogo normalmente. Questo metodo è piuttosto efficace.
La stessa cosa avviene per altre situazioni. Ad esempio, se c'è un personaggio che balbetta, è preferibile evitare di scrivere:

> «I-i-i-o n-non sono si-si-sicuro» disse Joe.

Scrivete:

> «Io non sono sicuro» balbettò Joe.

A meno che, beninteso, non cerchiate un effetto dichiaratamente comico ai danni del povero Joe.
Allo stesso modo, andateci cauti con le circonlocuzioni come "uhm", "hu", "cioè" e così via.
E, uhm, cioè, mi sembra di aver detto tutto sui dialoghi.

Capitolo settimo

DOVE E QUANDO: LO SPAZIO E IL TEMPO

di Caren Gussoff

Ho vissuto in sette stati differenti in quindici anni. Sono cresciuta tra le nebbie di Yonkers, New York, circondata da ferrovie e superstrade. A Marlboro, in Vermont, mi sono abituata a essere svegliata all'alba dall'odore di mele marce e pecore bagnate. A Boulder, in Colorado, mi vestivo a strati perché il tempo poteva cambiare radicalmente da un momento all'altro. Mi sono stabilita a Seattle, Washington, dove i meteorologi hanno un centinaio di parole per definire la pioggia. Ho iniziato ad apprezzare le sue varie forme, dalla pioggerellina sottile che bagna a malapena fino all'acquazzone che si riversa sulle strade e impedisce di uscire. E nonostante tutta la pioggia, non c'è mai un tuono o un lampo, e quasi mai un vero temporale. Vivere in un posto come questo influenza ogni aspetto della mia vita.

Nonostante queste esperienze, le mie prime opere di narrativa ignoravano quasi totalmente le ambientazioni, perché preferivo concentrarmi sui personaggi. Pensavo di essere nel giusto. Tutti i miei libri preferiti avevano grandi personaggi – Holden Caulfield, Leopold Bloom, Jay Gatsby. Istintivamente capivo l'importanza dei personaggi e di ciò che fanno in un racconto o in un romanzo. Non solo danno al lettore un punto di vista, ma agiscono, reagiscono, interagiscono, hanno relazioni, danno giudizi. Ci parlano degli altri personaggi, descrivono, pensano e, cosa più importante, cambiano.

In un certo senso, facevo bene a concentrarmi sui personaggi. Dopo tutto, senza personaggi forti una storia crolla come un castello di carte. Ma le mie storie crollavano in ogni caso. I miei personaggi si aggiravano nelle storie come tigri in gabbia e, peggio, spesso non riuscivo a scrivere più di poche righe. Ero in stallo. Le persone che leggevano i miei scritti li definivano "vignette" o "aneddoti". Era frustrante, non era ciò che volevo. Io volevo scrivere capolavori come *Il giovane Holden*, *Ulisse* o *Il grande Gatsby*.

Ecco dove sbagliavo: Jay Gatsby è la persona che è a causa della Jazz Age. Leopold Bloom è la persona che è perché vive a Dublino. Holden Caulfield si comporta così a causa della Pencey Prep School e di New

York. Avevo tralasciato il mondo che circonda i personaggi e l'enorme impatto che ha su di loro, e sull'intera storia.

Quando i lettori leggono un'opera di narrativa, si aspettano verosimiglianza, anche se quella è una realtà che non conoscono né conosceranno mai. Vogliono entrare nella vita dei personaggi. Il tempo e lo spazio portano il lettore all'interno della storia in senso fisico.

Viaggiare nei luoghi e nelle epoche di una storia è uno degli aspetti più interessanti della lettura. Pensate alle vostre opere di narrativa preferite. Il tempo e lo spazio sono sempre sviluppati al massimo.

Un paio di esempi. Charles Dickens muoveva i suoi personaggi nelle strade nebbiose dell'Inghilterra del diciannovesimo secolo, gli Hobbit di J.R.R. Tolkien nella trilogia del *Signore degli Anelli* viaggiano nella Terra di Mezzo. Il romanzo *Le vergini suicide* di Jeffrey Eugenides usa un sobborgo urbano americano durante la guerra in Vietnam per mostrare la disperazione nascosta sotto la superficie.

È facile tralasciare le ambientazioni, ma se studiate con attenzione le storie che leggete, vi accorgerete che tempo e spazio sono uniti così profondamente ai personaggi e all'azione da diventare quasi invisibili, e che hanno un enorme impatto sulla trama e su tutti gli elementi della storia.

> **Esercizio.** Prendete una delle vostre opere di narrativa preferite e leggete le primissime pagine. Fate attenzione alla rapidità con cui venite a sapere dove e quando è ambientata la storia, e in che modo lo spazio e il tempo sono inseriti nell'azione e nelle descrizioni. Se volete divertirvi, provate a rivisitare l'inizio di una storia usando un luogo o un tempo drasticamente diverso. Per esempio, mettete Rossella O'Hara nella Los Angeles contemporanea e vediamo come se la cava (probabilmente molto bene).

LUOGO

Quando gli scrittori parlano di "collocazione", intendono l'ambientazione precisa di una storia, su tutti i livelli: pianeta, continente, nazione, città, isolato, strada.

L'obiettivo è quello di portare il lettore sul posto, come avviene ad esempio nel racconto *Rock Springs* di Richard Ford, ambientato nel deserto del Wyoming:

> Quando l'auto si guastò non c'era un paese e neanche una casa nei dintorni, solo alcune montagne basse a circa cinquanta miglia di distanza, o forse cento, filo spinato teso in entrambe le direzioni, la prateria desolata e alcuni falchi che si aggiravano nella sera in cerca di insetti.

Il falò delle vanità di Tom Wolfe ci porta invece nel bel mezzo del Bronx:

> Si sentiva come se fosse caduto nella giungla. Probabilmente era sotto la rampa della ferrovia. Nell'oscurità vedeva qualcosa sulla sinistra... una cosa

> abbandonata... la testa di una donna! No, era solo una sedia a tre gambe con il sedile bruciato...

Oppure possiamo trovarci nel lusso sfrenato de *Il grande Gatsby* di Scott Fitzgerald:

> Le finestre erano socchiuse ed emettevano bagliori bianchi sull'erba fresca che sembrava voler crescere fino ad entrare in casa. Una brezza leggera soffiava nella stanza, muovendo le tende come fossero bandiere, fino a farle arrivare al soffitto, e poi proiettandole sul tappeto, formando ombre come fa il vento sul mare.

Quando si parla di ambientazione, bisogna tenere in conto la possibilità di includere le condizioni climatiche. Come dicevo prima, la mia vita è stata fortemente influenzata dal tempo di Seattle, una città che non sarebbe la stessa senza le continue piogge. Probabilmente le condizioni climatiche influenzano le persone che vivono in un certo luogo, anche se normalmente non ci si fa attenzione.
Può essere il solare paesaggio del racconto *Dove vai? Dove sei stata?* Di Joyce Carol Oates:

> Connie sedeva al sole con gli occhi chiusi, sognando e immaginando che il calore su di lei fosse una specie di amore...

O la tempesta di neve in *Anna Karenina* di Tolstoj:

> La tremenda tempesta urlava tra le ruote del treno e negli angoli della stazione. Le rotaie, le colonne, le persone e tutte le cose visibili erano coperte dalla neve sempre più fitta. La tempesta sembrava dover finire da un momento all'altro, poi soffiava con così tanta potenza che sembrava impossibile rimanere in piedi.

Il clima aiuta a sentirsi fisicamente in un luogo fittizio.
Quando si scrive, bisogna sempre chiedersi dove sono i personaggi, e bisogna dare al lettore indicazioni sui luoghi e le ambientazioni. Alcuni luoghi possono essere descritti con molti dettagli, altri no, ma sia l'autore che il lettore hanno bisogno di conoscerli in ogni momento.
I luoghi influenzano anche l'azione. Ciò che sarebbe possibile fare in un inverno siberiano è molto diverso da ciò che si può fare a Miami a maggio. Allo stesso modo, ciò che può essere normale nel Far West può essere scandaloso e impossibile nell'Inghilterra vittoriana (ecco come spazio e tempo sono strettamente legati).
Pensate all'importanza dei luoghi nel romanzo di Cormac McCarthy *Cavalli selvaggi*. Il protagonista, il sedicenne John Grady Cole, è l'ultimo discendente di una famiglia di allevatori in Texas. Il conflitto al centro della storia riguarda la sparizione dei cowboy e degli allevatori di bestiame, che spinge la madre di Grady a vendere il ranch di famiglia.
Grady allora parte per il Messico in cerca di una terra in cui ricominciare. Questo romanzo dipende indissolubilmente dall'ambientazione, e non avrebbe senso se si svolgesse altrove.

L'ambientazione è importante anche nel racconto di Flannery O'Connor *È difficile trovare un uomo buono.* Mentre viaggia in auto con la famiglia, una nonna crede di riconoscere il paesaggio e chiede alla famiglia di fermarsi:

> Svoltarono nella strada sterrata e l'auto correva a scossoni sollevando una nuvola di polvere rosa. La nonna ricordava i tempi in cui non c'erano strade asfaltate e trenta miglia si percorrevano in un giorno. La strada sterrata era irregolare e c'erano pozzanghere e curve secche su argini pericolosi. Di colpo si trovavano su una collina, affacciati sulle cime blu degli alberi che si stendevano per miglia, e il minuto dopo in una depressione rossa con gli alberi polverosi che li osservavano.
> «È meglio che questo posto si sbrighi ad apparire» disse Bailey «o torno indietro».
> Sembrava che nessuno percorresse quella strada da mesi.

La nonna guida la famiglia sulla strada meno trafficata, poi il gatto che lei ha nascosto fugge causando un incidente che porta la famigliola a scontrarsi con un pericoloso assassino. La storia avrebbe potuto essere ambientata in una città? Probabilmente no.
Quanto influiscono i luoghi sulle azioni di una storia? Se la risposta è "poco o nulla", allora bisogna fare in modo che l'ambientazione abbia un ruolo in ciò che accade, altrimenti i personaggi sembreranno muoversi nel nulla.

> **Esercizio.** Tornate su qualcosa che avete scritto, anche nei precedenti esercizi. Se non avete curato l'ambientazione, fatelo durante la revisione. Non affollate il brano con troppe descrizioni, ma assicuratevi che il lettore venga trasportato nel luogo, e fate in modo che l'ambientazione influisca sull'azione. Se invece avete già curato l'ambientazione, revisionate il brano cambiandola drasticamente. Alla fine si dovrebbe notare la differenza.

TEMPO

La nozione del tempo è fondamentale quanto l'ambientazione. Il tempo può darci informazioni sulla collocazione della storia in senso ampio – era, secolo, anno – e meno ampio – stagione, giorno della settimana, ora del giorno.
Se ci troviamo nel diciannovesimo secolo, le persone dovrebbero viaggiare come nel romanzo *Grandi speranze* di Charles Dickens:

> Il viaggio dal nostro paese alla metropoli durava almeno cinque ore. Era da poco passato mezzogiorno quando la carrozza a quattro cavalli su cui mi trovavo si infilò nel groviglio di traffico che sbucava da Cross Keys, Wood Street, Cheapside, Londra.

Ecco invece una città trafficata dei giorni nostri, durante il giorno, ne *Il giovane Holden* di J.D. Salinger:

> Broadway era tumultuosa e confusa. Era domenica, era mezzogiorno ma era comunque caotica. Tutti si dirigevano al cinema – il Paramount, o

> l'Astor o lo Strand o il Capitol o un altro di quei posti folli. Tutti erano ben vestiti, perché era domenica, e questa era la cosa peggiore.

Ma la stessa città, nello stesso libro, di notte appare molto diversa:

> Non c'era quasi nessuno in giro. Si vedevano solo un uomo e una ragazza che attraversano la strada, abbracciati, e un gruppo di bulli che ridevano tutti come iene per qualcosa che, potete scommetterci, non era divertente. New York è terribile quando qualcuno ride in strada a notte fonda. Lo puoi sentire per miglia. Ti fa sentire solo e depresso.

Come per l'ambientazione, bisogna sempre collocare con precisione i personaggi, anche se non è necessario dilungarsi in descrizioni. Il lettore deve sempre avere gli indizi per orientarsi nella storia. Avete presente la frase: «Sono le dieci di sera. Sapete dove sono adesso i vostri figli?».
In qualsiasi momento, dovete sapere dove sono i vostri personaggi, e cosa stanno facendo.

> **Esercizio.** Prendete un brano che avete scritto. Non scegliete il brano usato per l'esercizio precedente, ma fate la stessa cosa che in quel caso avete fatto con l'ambientazione. Curate l'aspetto temporale o cambiate drasticamente la collocazione. Alla fine controllate se il tempo influenza il brano così come ha fatto il luogo nell'esercizio precedente.

STATO D'ANIMO

Oltre a trasportare il lettore in una dimensione spazio-temporale fisica, è utile curare anche l'aspetto emotivo, attraverso l'atmosfera e gli stati d'animo.
Edgar Allan Poe era maestro nell'utilizzare al massimo delle loro possibilità gli stati d'animo nelle sue storie, come vediamo in questo brano d'apertura da *La caduta di casa Usher*:

> Per tutta una fosca giornata, oscura e sorda, d'autunno, col cielo greve e basso di nuvole, avevo cavalcato da solo attraverso una campagna singolarmente lugubre fino a che mi trovai, mentre già cadeva l'ombra della sera, in vista della malinconica casa degli Usher.

Oltre a descrivere l'ambientazione, Poe sta evocando uno stato d'animo – un sentimento di desolazione, pericolo e malinconia. Di certo è autunno, di certo sta facendo notte, le nubi sono opprimenti. Ogni parola in questo brano suona come una campana solenne. Poe sottolinea la tensione prima ancora di dirci in cosa consiste. Forse le descrizioni sono un po' troppe, ma dal punto di vista drammaturgico il brano è perfetto per introdurre un racconto gotico come questo.
E sottolineo che in questo brano, come in moltissimi altri esempi, lo stato d'animo e l'ambientazione vengono comunicati attraverso il punto di vista di un personaggio.

> **Esercizio.** Immaginate un personaggio che sta attraversando un periodo di grandi cambiamenti nella sua vita – sta per avere un figlio, sta per intraprendere un affare rischioso... Una volta trovato il personaggio, scrivete un brano in cui questo personaggio affronta il cambiamento. Potete scegliere se coinvolgere anche altri personaggi. Ecco la parte interessante: le condizioni meteorologiche devono sottolineare la drammaticità del brano, si tratti della prima pioggia autunnale, o di un terribile temporale o qualsiasi altro evento atmosferico.

PERSONAGGI E AMBIENTAZIONE

È il momento di ricordare il ruolo che giocano le ambientazioni sul modo di essere dei personaggi – come vestono, parlano, socializzano, lavorano, viaggiano, mangiano e così via. Un po' come gli animali, le persone si comportano in un certo modo nel loro habitat naturale, e questo è un aspetto da tenere sempre in massima considerazione.

Durante questo party in piscina in un sobborgo elegante dal racconto *Il nuotatore* di John Cheever, i personaggi si comportano in un modo spontaneo per quello che è il loro ambiente naturale:

> Appena Enid Bunker lo vide iniziò a urlare «Oh, guarda chi c'è! Che sorpresa meravigliosa! Quando Lucina ha detto che non saresti venuto volevo *morire*». Lei si incamminò verso di lui tra la folla, e quando ebbero finito di baciarsi lei lo portò al bar, ma ci misero del tempo perché lui si fermò per salutare e baciare otto o dieci altre donne e a stringere le mani di altrettanti uomini. Un barista sorridente che lui aveva già visto in centinaia di altre feste gli diede un gin e tonic, e lui rimase ancora un po' al bar, per niente ansioso di impelagarsi in qualsiasi conversazione che potesse ritardare il suo viaggio.

I personaggi delle vostre opere sono modellati dal mondo in cui vivono? Se potete togliere i personaggi dal loro mondo originale e farli cadere altrove senza che si notino grandi differenze, allora vuol dire che il tempo e il luogo non li hanno influenzati a dovere. Naturalmente non dovete esagerare neanche nel senso opposto, ad esempio obbligando il vostro affarista texano a indossare stivali da cow-boy e a usare lo slang locale ogni volta che apre bocca, ma dovete fare attenzione al modo sottile in cui il Texas si insinua nella sua esistenza.

Le storie spesso presentano personaggi che vengono obbligati a uscire dal loro ambiente naturale, e questo crea dinamiche e situazioni interessanti. È il caso del borghese Nick che introduce Jay Gatsby nel mondo dorato de *Il grande Gatsby*, o del ladro d'auto Earl che rimane bloccato per alcuni giorni nel Wyoming, in *Rock Springs.*

In alcuni casi la storia può parlare di un "pesce fuor d'acqua", ovvero del conflitto tra il personaggio e un mondo sconosciuto e forse ostile, ed è un genere assai popolare. Il primo esempio che viene in mente è *Alice nel paese delle meraviglie* di Lewis Carroll, in cui una ragazzina vittoriana finisce in un mondo che le è completamente estraneo. Un altro dei tanti esempi è *Grandi speranze* di Dickens, in cui un giovane proveniente da un paese paludoso si mescola con i dandy di Londra. Una storia di genere "pesce fuor d'acqua" può essere molto divertente, ma se avete intenzione di scriverne una dovete essere pronti a curare l'ambientazione fin nei minimi particolari.

Metamorfosi di Franz Kafka presenta un'interessante variazione sul tema: Gregor Samsa, un giovane commesso viaggiatore, si sveglia una mattina e scopre che durante la notte si è trasformato in uno scarafaggio. Il mondo che una volta era così familiare e confortevole è diventato un territorio ostile e straniero. In questo brano Samsa prova a fare una cosa molto semplice:

> Pensava che avrebbe potuto scendere dal letto con la parte bassa del suo corpo, ma questa parte bassa, che non era ancora riuscito a vedere e di cui non poteva farsi un'idea chiara, si muoveva con difficoltà: si spostava lentamente e quando alla fine riuscì a raccogliere le sue forze e si mosse incautamente, sbagliò direzione e urtò violentemente contro la base del letto.

Per tutta la storia, Gregor è costretto a vedere il suo mondo da una prospettiva completamente nuova. Dare una prospettiva alternativa è uno dei vantaggi di collocare i personaggi in un ambiente estraneo, perché obbliga loro e il lettore a vedere le cose con uno sguardo inedito.

> **Esercizio.** Pensate a un personaggio che sia esattamente l'opposto di voi. Scegliete alcune fra queste differenze: sesso, età, occupazione, carattere, contesto... Adesso scrivete un brano in cui questo personaggio viva per un certo periodo in un ambiente in tutto e per tutto simile al vostro. L'ambientazione deve creare il maggior conflitto possibile. Per esempio, se il personaggio è uno scapolo impenitente, forse sarà divertente vederlo all'opera con una schiera di pargoli. Se invece il personaggio è un ragazzo ricco e viziato, fategli fare un lavoro umile per una giornata.

A volte l'ambientazione diventa così preponderante da assumere l'importanza di un vero e proprio personaggio che può agire, cambiare e influenzare la storia. Questo è vero nelle storie di tipo "pesce fuor d'acqua", ma anche in altri casi, come la brughiera di *Cime tempestose*, la Jazz Age de *Il grande Gatsby* o il sobborgo residenziale de *Il nuotatore*.

Virginia Woolf ha usato questa tecnica nel romanzo *Le onde*, in cui racconta le vite di sei amici dall'infanzia alla mezza età. Ciascuno dei sei personaggi parla in una serie di monologhi, con il mare e le onde come sottofondo. *Le onde* è punteggiato da interludi descrittivi che illustrano i cambiamenti delle onde durante una giornata, dall'alba al tramonto. Le onde danno un senso di unità al romanzo e aggiungono un altro livello di significato. I discorsi dei personaggi sembrano dei flussi di coscienza fluidi come le onde. Quando il romanzo inizia, vediamo le onde la mattina presto:

> L'onda si fermò, e poi tornò di nuovo indietro, singhiozzando come un dormiente il cui respiro si ferma e riprende inconsciamente.

Il libro va avanti, come l'età dei protagonisti, e anche il giorno e le onde progrediscono:

> Le onde si fecero più massicce, si inclinavano per poi infrangersi. Portavano via sassi e pezzi di legno.

Alla fine del libro i personaggi affrontano l'incombere dell'età e della morte, e le onde fanno altrettanto. Il romazo si chiude con questa semplice frase:

> Le onde si infransero sulla spiaggia.

LA CURA DEI DETTAGLI

Se lo scopo delle descrizioni e dell'ambientazione è quello di collocare personaggi e lettori in un mondo fisico, che rifletta anche uno specifico stato d'animo, allora lo scrittore deve creare questo mondo.
Con cosa? Con l'unica cosa che possiede: le parole. Nel quinto capitolo avete imparato come rendere verosimile il mondo fittizio, usando descrizioni sensoriali e specifiche.
Questo brano è tratto dal romanzo di Henry James *Ritratto di signora.* Fate attenzione ai dettagli che troviamo nella descrizione di questa casa:

> Si trovava su una collina bassa, sul fiume – il Tamigi, a circa quaranta miglia da Londra. Sulla facciata c'era un cornicione di mattoni rossi, su cui il tempo aveva infierito in molti modi pittoreschi e aveva finito per migliorarlo, e si affacciava sul prato, con le sue chiazze di edera, i suoi comignoli, le sue finestre soffocate dai rampicanti.

Questa è un'ambientazione che si riesce inequivocabilmente a vedere. Non solo Henry James fornisce una visione molto dettagliata della casa, ma dà anche il senso della storia della casa stessa, e della sua esatta collocazione. C'è tanta benzina per l'immaginazione in così poche righe.
La concisione è estremamente importante. Mentre voi create e descrivete il mondo fisico in cui si colloca la vostra storia, c'è il rischio che l'azione latiti e il lettore si annoi. I lettori aspettano che la storia proceda, per questo è consigliabile distillare le descrizioni nel corso delle pagine piuttosto che fermare l'azione per descrivere tutto in una volta.
Leggete con attenzione questo brano tratto da *L'amante* di Marguerite Duras:

> Scendo dal bus. Vado sulle rotaie. Guardo il fiume. Qualche volta mia madre mi racconta che nella mia vita non mi capiterà più di vedere fiumi così belli, così grandi e così selvaggi come questi, il Mekong e i suoi affluenti che corrono verso il mare, le grandi regioni d'acqua che presto si

> perdono nell'oceano. Nella monotonia che mi circonda e che si stende fin dove l'occhio può guardare, i fiumi scorrono così velocemente che sembra che la terra scivoli sotto di loro.
> Scendo sempre dal bus quando raggiungiamo la ferrovia, anche di notte, perché sono spaventata, ho paura che i cavi possano rompersi e farci precipitare nel mare. In quelle correnti tremende immagino i miei ultimi istanti. La corrente è così forte che potrebbe portare via tutto – le pietre, la cattedrale, la città. C'è una tempesta che si scatena nell'acqua. Un vento che infuria.

I dettagli della Duras sono sensuali, ma lei tesse l'ambientazione nella storia per mezzo di un aneddoto della madre della protagonista, e poi descrivendo i sentimenti della protagonista stessa. Il flusso della storia non viene interrotto.
E ricordate di non eccedere in dettagli ma di scegliere solo quelli davvero utili.
Domandatevi quale importanza può avere un particolare tempo o un particolare luogo per la vostra storia, e poi cercate di determinare quanto spazio dovrete dedicare alle loro descrizioni. *La caduta di casa Usher* si svolge interamente in casa Usher, perciò buona parte delle descrizioni devono riguardare la casa. Ma sarebbe inutile descrivere per pagine e pagine un emporio, se il vostro protagonista si ferma lì semplicemente per comprare un'aspirina.
Tutte le opere di narrativa devono avere un'ambientazione e una collocazione spazio-temporale ben definite? No. Raymond Carver, per esempio, era noto per il minimalismo della sua prosa, e difatti spesso non si dilungava nel descrivere le ambientazioni. In *Cattedrale*, l'intera storia si svolge in una casa, e anche se Carver parla della cucina, del sofà, della finestra e della tv, non dà nessun dettaglio specifico. Ma l'assenza di dettagli è funzionale perché la storia viene narrata in prima persona e il narratore è una persona che non presta particolare attenzione a ciò che lo circonda. Dalla mancanza di dettagli possiamo anche desumere che la casa è molto ordinaria, né troppo povera né troppo lussuosa. Se fosse stata l'una o l'altra lo scrittore ce lo avrebbe detto. Se avete una buona ragione per *non* descrivere i luoghi e il tempo, avete il permesso di farlo.

VEROSIMIGLIANZA

La maggior parte delle storie utilizza ambienti e periodi realmente esistenti (o esistiti), o comunque verosimili. Anche se, per esempio, la contea di Wessex, in cui sono ambientati molti romanzi di Thomas Hardy, non si trova su nessuna cartina, è molto simile a una regione inglese.
Se si parla di un'ambientazione che si conosce bene non dovrebbero esserci problemi a verificare ogni dettaglio. Se invece si scrive riguardo cose che non si conoscono bene bisogna fare tutto il possibile per rac-

cogliere quante più informazioni possibili, andando sul posto o facendo ricerche, o anche senza muoversi da casa, grazie a internet. In certi casi, però, è preferibile dare un nome fittizio a un luogo, anche se se ne ha in mente uno reale, per evitare che i suoi abitanti possano sentirsi offesi o chiamati in causa.

Questo espediente permetterà anche di usare delle licenze drammatiche. Ad esempio, nel romanzo di Beth Nugent *Live Girls*, la protagonista Catherine, a vent'anni lascia il college per vivere in uno squallido motel e lavorare come bigliettaia in un cinema per soli adulti. La città non ha un nome, ed è probabilmente l'insieme di luoghi diversi:

> È solo un altro porto spaventoso dell'est, crollato su sé stesso per la sua pigrizia. È una città piena di stanze in affitto per una settimana, un giorno o anche un'ora, ed è abitata dal tipo di persone che vorrebbero affittarle: non ci sono famiglie, e non ci sono case, e ogni santo giorno qualche persona rispettabile va via, lontano, dove ci sono case, famiglie e lavori rispettabili.

Anche se questo posto sembra autentico, la Nugent ha inventato i particolari, adattandoli al sentimento della storia, senza le limitazioni che avrebbe avuto usando un posto reale.

Forse si ha in mente di usare un posto un tempo che non esiste, o non ancora. Ecco un brano da *1984*, di George Orwell:

> Il volto con i baffi neri osservava da ogni angolo. Ce n'era uno sulla facciata della casa di fronte. IL GRANDE FRATELLO TI GUARDA, diceva la scritta, mentre gli occhi scuri scrutavano dentro l'anima di Winston. Al livello della strada un altro poster, strappato ad un lato, sventolava coprendo e scoprendo ad intervalli la parola INGSOC. Ad una certa distanza un elicottero volava tra i tetti, fermandosi per un istante, per poi ripartire curvando su se stesso. Era la pattuglia della polizia, che curiosava nelle finestre della gente.

Il romanzo parla di Winston Smith, un uomo medio che vive in Oceania, un impero totalitario guidato dal Grande Fratello. L'ambientazione non esiste, ma i dettagli sembrano reali. Vediamo dettagli familiari – il poster strappato, gli elicotteri in volo – inseriti in un contesto estraneo, che ci aiutano a orientarci. Se le ambientazioni suonano poco realistiche, un trucco efficace è quello di accostarle a qualcosa che dia un senso di verosimiglianza.

Anche se si crea un mondo interamente di fantasia, come accade nella fantascienza e nella fantasy, i luoghi devono sembrare veri. Ci crediate o no, questo tipo di ambientazione richiede molta più fatica delle altre, se volete davvero che sia convincente. J.R.R. Tolkien, scrivendo la trilogia de *Il Signore degli anelli*, ha passato molti anni a sviluppare un complicato sistema di storia e mitologia, una geografia dettagliata, mappe e molti linguaggi per costruire il suo mondo immaginario. Gli Hobbit non vivono nell'etere o a fantasilandia, vivono un uno spazio-tempo specifico:

> Questo paese, che si estendeva per quaranta leghe dai Luoghi Lontani al Brandivino, e per cinquanta dalle brughiere del Nord alle paludi del Sud, fu

> chiamato dagli Hobbit "La Contea" poiché la regione, attiva negli affari e nel commercio, era sotto l'autorità del Conte. Noncuranti del resto del mondo, abitato da strani esseri oscuri, conducevano in quel ridente angolo della terra una vita talmente ordinata e bene organizzata che finirono per credere che pace e prosperità fossero normali nella Terra di Mezzo, nonché un diritto di ogni popolo ragionevole.

Non è un caso se milioni di lettori sembrano credere che questo mondo esista realmente.

LO SCORRERE DEL TEMPO

Lo scrittore di narrativa è una specie di mago tolkeniano (per rimanere in tema), abile a manipolare il tempo. Questo è uno degli strumenti più importanti nella cassetta degli attrezzi di uno scrittore.

Generalmente, si può manipolare il tempo comprimendolo ed espandendolo per adattarlo a una storia. Il tempo passa per i personaggi, ma è lo scrittore a decidere se passa lentamente o no. Gli scrittori non mostrano ogni momento della trama, ogni instante nella vita di un personaggio dalla nascita alla morte, ma si muovono attraverso porzioni di tempo, eliminando quelle irrilevanti e concentrandosi su quelle importanti.

Se vi muovete troppo velocemente in un momento importante, il lettore si può sentire deluso e anche confuso. Allo stesso modo, se vi concentrate su momenti irrilevanti, il lettore si annoierà. Fate attenzione alla rilevanza di un momento in relazione all'intera storia, e regolatevi di conseguenza.

Volete vedere come rallentare magicamente il tempo? Leggete questo brano da *Sula* di Toni Morrison, in cui Nell ha appena scoperto suo marito Jude, nudo sul pavimento della camera da letto con la sua migliore amica:

> Sono in piedi. Loro non lo stanno facendo. Io sono in piedi e li guardo, ma loro non lo stanno facendo davvero. Ma poi alzano lo sguardo. O l'hai fatto tu. Tu, Jude. E se solo non mi avessi guardato nel modo in cui i soldati guardano dal treno, nel modo in cui guardi i bambini quando arrivano mentre tu ascolti Gabriel Heatter e irrompono nei tuoi pensieri – avrei dato loro un istante, un po' di tempo, per ricordare cosa stessero facendo, cosa avevano interrotto, e sarei tornata indietro e ti avrei lasciato ascoltare Gabriel Heatter. E non sapevo come muovere i piedi o dove guardare. Me ne stavo lì, in piedi…

Il brano (che continua ancora) avviene in pochi secondi, in tempo reale, ma Morrison ha rallentato il tempo nel momento cruciale per sottolineare adeguatamente quanto sia tremendo per la protagonista. Se ci pensate, i momenti di crisi sembrano non passare mai, come se durassero un'eternità e un brano come questo è molto più emozionante di una frase descrittiva del tipo «Lei si sentì sconvolta, tradita, adirata e anche imbarazzata».

Esercizio. Pensate al momento più spaventoso della vostra vita. Se è troppo recente o imbarazzante, sceglietene un altro. Usando voi stessi come narratori in prima persona, scrivete un brano riguardo questo momento. Probabilmente il tempo sembrava passare lentamente per voi che lo vivevate, perciò cercate di rallentare il tempo della narrazione. Non trascurate i dettagli e i vostri pensieri. Potete scrivere molte pagine su pochi secondi. Siete liberi di abbellire il brano con particolari inventati, ma probabilmente non ne avrete bisogno.

Vediamo come controlla il tempo Carver in *Cattedrale*.
Dopo alcune descrizioni iniziali e una scena in cucina tra marito e moglie, Carver salta direttamente all'arrivo del cieco:

> Così quando arrivò il momento mia moglie andò alla stazione a prenderlo. Io che non avevo altro da fare se non attendere – certo, di questo incolpavo lui – mi stavo bevendo qualcosa davanti alla tv quando sentii l'automobile entrare nel vialetto. Mi alzai dal divano con il drink in mano e andai a guardare dalla finestra.

Molto velocemente, arriviamo al momento importante. Poi troviamo la scena dell'incontro tra Robert e il narratore. Nella scena avviene anche una prima parte della conversazione, ma Carver con mestiere ci racconta che:

> Questo cieco riempì il posacenere e mia moglie lo svuotò.

Questo avviene probabilmente più di una volta, ma l'autore non lo ripete ogni volta, e invece dice:

> Quando ci mettemmo a tavola per la cena, ci facemmo un altro drink.

Successivamente abbiamo un sommario della cena e delle conversazioni tenutesi. Uno dei modi più usati per controllare lo scorrere del tempo è alternare sommario e scena. Qui l'autore sceglie il sommario:

> Ogni tanto girava la sua faccia cieca verso di me, si metteva una mano sotto la barba e mi chiedeva qualcosa. Da quanto tempo avevo l'attuale impiego? (Tre anni) Mi piaceva il mio lavoro? (Non mi piaceva). Avevo intenzione di continuare? (Che altra scelta avevo?) Alla fine, quando pensai che stava per smettere, mi alzai e accesi la tv.

Con l'ultima frase si passa direttamente alla prossima tappa della serata, guardare la tv e bere. In sette pagine, Carver ha raccontato parecchie ore senza tralasciare nessun particolare degno di nota. A questo punto troviamo una scena in cui Robert e il narratore guardano la televisione:

> Dopo che mia moglie fu uscita, lui e io ascoltammo le previsioni del tempo e le notizie sportive. A quel punto se n'era andata da così tanto tempo che non sapevo se avesse intenzione di tornare.

Capiamo che hanno guardato qualche programma di prima serata e adesso ci sono le news. Lo scorrere del tempo si riflette nel cambiamento dei programmi televisivi. Alla fine del telegiornale, Robert e il narratore fumano un po' d'erba (e bevono), e guardano un documentario su "chiese e Medio Evo". Qui c'è un altro salto in avanti nel tempo:

> Per un po' restammo in silenzio. Lui si era proteso in avanti con la testa rivolta verso di me, l'orecchio destro puntato in direzione del televisore. Molto sconcertante.

La storia sta raggiungendo il suo apice – la trasformazione del narratore – e qui Carver rallenta il tempo e scrive una lunga scena che illustra praticamente ogni momento in tempo reale. Seguendo anche i dettagli della trasmissione televisiva.

> La TV mostrava una cattedrale. Poi ci fu una lunga, lenta panoramica su un'altra. Alla fine si vide quella famosa di Parigi, con i contrafforti e le guglie che raggiungono le nuvole.

Con una lentezza quasi esasperante, vediamo come il narratore cerca di descrivere una cattedrale, per poi cercare di disegnarla mentre il cieco lo segue con la mano.

In quattordici pagine, Carver ci ha condotto attraverso una notte lunghissima in cui la vita di un uomo è cambiata sensibilmente.

Le scelte in fatto di tempo sono senz'altro influenzate dalla lunghezza della storia. In un racconto, occorre essere molto selettivi nello scegliere cosa mostrare e cosa tralasciare. In un romanzo, c'è maggiore spazio, ma anche in questo caso bisogna includere solo i particolari che hanno un certo impatto sugli avvenimenti. Pensate alla vostra opera come a un *unicum*, e decidete quanto tempo (e spazio) volete dedicare a ogni parte.

Flashback

Lo scrittore-mago ha anche un altro grande trucco, quello di potersi muovere avanti e indietro nel tempo.

I flashback diventano utili quando c'è bisogno di narrare qualcosa che è avvenuto prima dell'inizio della storia. Invece di scegliere il racconto da parte di un personaggio, potete decidere di mostrare gli eventi con più dettagli, portando indietro la lancetta del tempo.

Quanto pesano i fantasmi, di Tim O'Brien, segue il viaggio di un tenente nella guerra del Vietnam. Anche se la storia è ambientata interamente in Vietnam, il protagonista ripensa continuamente a una donna con cui ha tentato di avere una relazione in New Jersey. In questo brano osserva una foto della donna:

> Il tenente Cross ricordava di aver toccato quella gamba sinistra. Un cinema buio, ricordava, e il film era *Bonnie & Clyde*, e Martha indossava una camicetta verde, e durante la scena finale, quando lui le toccò la gamba, lei si voltò a guardarlo con un'espressione triste e severa che gli fece ritrarre immediatamente la mano, ma lui avrebbe ricordato per sempre quella camicetta e quella gamba, e il suono dello sparo che uccideva Bonnie e Clyde. Quanto fu imbarazzante, lento e opprimente.

Anche se la storia parla dell'esperienza di Cross in Vietnam, i flashback danno al lettore un senso più ampio delle cose che l'uomo porta con sé[1].
È consigliabile che i flashback non siano troppo lunghi, anche se possono comprendere scene e dialoghi. Ma non esagerate: se capite di avere bisogno di molte pagine di flashback, probabilmente avete iniziato la storia nel punto sbagliato.
I flashback possono anche confondere il lettore, quindi dovete essere sempre chiari quando li usate, ed è meglio ancorarli al presente della storia.
Ovviamente, come per ogni regola ci sono le eccezioni: storie come *Amatissima* di Toni Morrison si muovono continuamente attraverso tempi differenti senza alcun problema. Ma in questo caso c'è bisogno di una bacchetta magica davvero potente.

1. Infatti il titolo originale del racconto è *The things they carried*, letteralmente, *Le cose che portano con loro.* (NdT.)

Capitolo ottavo

LA VOCE: IL SUONO DELLA STORIA

di Hardy Griffin

Quando ho cominciato a scrivere, non avevo idea di cosa fosse la "voce" di una storia, perciò mi dedicavo unicamente a creare trame e personaggi dal nulla. Pensavo che, andando avanti, la voce sarebbe venuta fuori spontaneamente.

Le cose sono andate avanti così, finché un mio amico non mi chiese di leggere qualche mio racconto durante una serata letteraria in un locale. All'improvviso il mio appartamento si riempì della *mia* voce, frustrata e nervosa, mentre io passavo il tempo camminando avanti e indietro, leggendo e correggendo una semplice storia di tre pagine che parlava di un ragazzo (per metà ispirato a me stesso) che passava il giorno del Ringraziamento con i suoi nonni. Niente sembrava andare bene, dagli accenti del sud alla torta al limone.

Entrai nel locale come un condannato a morte, e ordinai subito un gin tonic per farmi forza. Ero preparato al peggio. Ma quando arrivò il mio turno e salii sul palco per iniziare a leggere, accadde qualcosa.

Quella che avevo fra le mani non sembrava più la mia storia, ma la storia del narratore, come se le parole sulla pagina avessero creato una nuova persona che parlava e che gli spettatori volevano ascoltare.

Quella sera ho capito tre cose sulla voce. Prima di tutto, la voce di una storia è ciò che la rende speciale, che la rende viva. D'altro canto, la voce non è così astratta ed effimera come saremmo portati a credere. Ma, cosa più importate, è essenziale che la voce sembri naturale. Il narratore ideale dovrebbe essere rilassato e totalmente assorbito nella storia, in modo che anche i lettori lo siano.

Ma cos'è la voce, questa sconosciuta?

Uno dei miei ossimori preferiti è "la voce dello scrittore". Come fanno dei segni neri su una pagina bianca a emettere dei suoni? L'unico suono che posso sentire quando scrivo è il ticchettare delle dita sulla tastiera. Ovviamente non sono queste le voci di cui parlano i lettori, gli insegnanti e i critici.

In parole povere, la voce è ciò che i lettori sentono nella loro testa quando leggono. La voce è il suono di una storia.

In ogni opera di narrativa degna di nota, una voce porta avanti la storia e guida il lettore attraverso la moltitudine di voci dei personaggi. Questa voce è la più importante per il semplice motivo che, una volta terminata la lettura, è quella che continua a risuonare nella mente del lettore. E, come avrete ormai intuito, la voce della storia è la voce del narratore.

I miei studenti spesso si confondono tra la voce di una storia e la voce dello scrittore, e hanno ragione. Se alcune opere dello stesso autore hanno un tono simile, le persone penseranno che quella sia la voce, o lo stile, di quello scrittore. Tuttavia, la cosa migliore che potete fare quando scrivete è concentrarvi sulla voce del narratore per ogni singolo racconto o romanzo. Un giorno o l'altro, un critico potrebbe accorgersi di ciò che hanno in comune le vostre variegate opere, e quindi scrivere un articolo lusinghiero che esalti la vostra voce di scrittore.

Fino ad allora, però, il vostro compito è di concentrarvi su una voce per volta.

TIPI DI VOCE

La verità è che la voce scelta può prendere un'infinita varietà di "suoni". Allora come fare a scegliere la voce adatta per il narratore?

Più di ogni altra cosa, la scelta deve essere collegata al punto di vista. Se si utilizza un narratore in prima persona, la voce dovrà permettere di identificare la personalità del narratore. Se si utilizza un narratore in seconda o terza persona, il narratore potrebbe anche assomigliare allo scrittore. Inoltre, il narratore in seconda o terza persona è emotivamente più distante da ciò che racconta. Il narratore in prima persona racconta invece una storia che è naturalmente più vicina a lui, e che lo coinvolge.

Per aiutare a orientarsi tra tutte queste opzioni, divideremo le voci in un certo numero di tipologie. Queste suddivisioni non sono "ufficiali" come quelle per il punto di vista, ma saranno ugualmente utili a effettuare la scelta giusta.

VOCE COLLOQUIALE

Il tono colloquiale è quello che si usa con le persone con cui si ha una certa confidenza, con gli amici o i familiari. Allo stesso modo, la voce colloquiale fa sembrare che il narratore abbia una conversazione casuale con il lettore.

L'esempio più famoso proviene da *Le avventure di Huckleberry Finn* di Mark Twain:

> Non mi conoscete, a meno che non abbiate letto il libro intitolato *Le avventure di Tom Sawyer*, ma non importa. Quel libro è stato scritto dal signor

> Mark Twain, e ha raccontato grossomodo la verità. Ci sono cose che ha esagerato, ma in sostanza è stato sincero. Quello è niente. Non ho mai visto una persona che non abbia mentito, una volta o l'altra.

Qui Twain crea la voce di un ragazzaccio di nome Huckleberry Finn. Prima dell'uscita di questo libro, nel 1884, le opere di narrativa avevano tutte un tono di voce elevato, aulico, ma Twain abbandonò quella strada e lasciò che Huck parlasse per sé. Il risultato è una delle voci più famose nella storia della letteratura.
Anche *Il giovane Holden* di Salinger appartiene a questa categoria:

> Se vuoi veramente sentire la storia, probabilmente la prima cosa che vorrai sapere è dove sono nato, e come è stata la mia infanzia, e che facevano i miei genitori e tutto quel genere di cose alla David Copperfield, ma io non ho intenzione di parlarne, se proprio vuoi sapere la verità.

Da queste prime frasi si può capire che la voce appartiene a un adolescente sarcastico. Come scopriremo alla fine del romanzo, Holden Caulfield ha raccontato per tutto il tempo la sua storia a uno psichiatra, ed è per questo che la voce sembra essere quella di chi si sta rivolgendo a un'altra persona.
La voce colloquiale è quasi sempre in prima persona e di solito utilizza linguaggio quotidiano e modi di dire.
Il grande vantaggio di questa voce è che si può lasciar parlare a ruota libera il narratore, in modo che possa rivolgersi direttamente al lettore. Questa può essere però un'arma a doppio taglio. Se non si fa attenzione, potrebbe sembrare che il narratore stia chiacchierando dei suoi dettagli più intimi senza nessuna ragione valida.

VOCE INFORMALE

La voce informale appartiene a quella vasta categoria di voci che non sono colloquiali, ma nemmeno troppo formali.
Questo si verifica, ad esempio, in *Cattedrale* di Carver:

> Ricordavo di aver letto da qualche parte che i ciechi non fumano perché, si diceva, non potevano vedere il fumo che esalavano. Pensai che sui ciechi sapevo quello e solo quello. Ma questo cieco qui fumava le sigarette fino al filtro e poi ne accendeva subito un'altra.

Come vedete, questo narratore non è colloquiale come quelli visti in precedenza, ma, allo stesso tempo, è un uomo nella media, che beve, fuma erba e pensa di sapere solo una cosa sui ciechi.
Nella voce informale, il narratore usa un linguaggio di tutti i giorni, ma non ha una personalità così spiccata come il narratore colloquiale. C'è però un grande spazio di manovra. Osservate com'è diverso il narratore di Carver da quello di *Goodbye, my brother* di John Cheever:

> Non penso spesso alla famiglia, ma quando mi tornano alla mente i suoi componenti e il posto in cui vivevano, sono felice di ricordare che sono un

> Pommeroy – che ho il naso, l'incarnato e la promessa di longevità – e che, anche se non siamo una famiglia famosa, ci culliamo nell'illusione che, quando siamo tutti insieme, i Pommeroy sono unici.

Il narratore, un insegnante, traccia un bilancio della sua famiglia, rivelandone anche i problemi. La voce informale serve a questo scopo.
Questo tipo di voce può essere resa anche attraverso un narratore in terza persona, come nel racconto *Earth to Molly* di Elizabeth Tallent:

> Molly era spiacente per averla costretta a salire le scale, ma comunque l'anziana donna si lamentò per tutto il tempo, mostrando le stanze agli inquilini. Perché mai qualcuno dovrebbe passare la notte qui? Un tappeto grigio e ispido attraversava la stanza da muro a muro.

Qui il narratore è molto vicino, emotivamente al personaggio, e la sua voce è molto simile alla voce che userebbe Molly se dovesse raccontare la sua storia in prima persona.
Il vantaggio principale della voce informale è la sua flessibilità. Se si utilizza un narratore in prima persona ma non si vuole che domini la storia, questa è una buona scelta. E lo è anche se si utilizza una terza persona ma si vuole evitare che la voce del narratore sembri quella dello "scrittore".
È difficile sbagliare usando la voce informale, ed è questa la ragione per cui è la voce più usata in narrativa.

VOCE FORMALE

La voce formale è quella sontuosa, aulica che veniva usata spesso dagli scrittori del passato. Non ha le qualità e la duttilità di una voce informale o colloquiale, e spesso provoca un senso di allontanamento dai personaggi, e anche nelle descrizioni di momenti topici il narratore non è emotivamente coinvolto.
Questo stile è rimasto anche nella narrativa contemporanea. Se state scrivendo una storia epica, che, ad esempio, attraversa molte generazioni, o un grande numero di luoghi e personaggi, la voce formale è la scelta migliore perché comunica il senso di grandezza della narrazione. Questo è l'inizio di *Cent'anni di solitudine*, di Gabriel García Márquez:

> Molti anni dopo, quando si trovò davanti al plotone di esecuzione, il colonnello Aureliano Buendia ricordò quel lontano pomeriggio, quando suo padre lo portò a scoprire il ghiaccio. A quel tempo Macondo era un villaggio di venti case, costruite sull'argine di un fiume dalle acque chiare, che scorreva su un letto di pietre levigate, bianche ed enormi come uova preistoriche. Il mondo era così giovane che molte cose non avevano nome, e per mostrarle era necessario indicarle con il dito.

Poiché il romanzo va avanti e indietro nel tempo, raccontando le vicissitudini di una famiglia, questa descrizione dettagliata del villaggio di Macondo porta il lettore sul posto senza bisogno di un personaggio che lo guidi. Ed è una cosa buona perché Márquez utilizza in questo romanzo più di venti protagonisti, e la voce formale dà al libro la

profondità e l'importanza della cronaca storica.
La voce formale si trova prevalentemente nelle opere narrate in terza persona, ma non è sempre così. Può funzionare anche in prima persona, quando il narratore ha una personalità molto formale.
È il caso di Humbert Humbert, il narratore di *Lolita* di Nabokov: figlio del proprietario di un lussuoso hotel sulla Riviera francese. Ben presto scopriamo che Humbert ha frequentato una scuola inglese ed è diventato insegnante di letteratura. Perciò è perfettamente comprensibile che parli in tono formale, quasi pretenzioso:

> A meno di sei pollici da me e dalla mia vita in fiamme, c'era la nebulosa Lolita! Dopo una pausa lunga e tranquilla, i miei tentacoli si mossero di nuovo verso di lei, e stavolta il cigolio del materasso non la svegliò. Mi spostai in modo da posare il mio corpo vorace così vicino a lei da sentire l'aura delle sue spalle nude come un respiro caldo sulle mie guance.

Poche persone parlano così, ma Humbert Humbert è una di queste.
Un altro esempio è rappresentato da Nick Carraway, il narratore de *Il grande Gatsby* di F. Scott Fitzegrald. Nick è una persona ben educata che usa il tono formale. In questo brano descrive le sue prime impressioni su Jay Gatsby:

> La silhouette di un gatto si stagliò alla luce della luna, e girando la testa per guardarlo mi accorsi di non essere solo – a pochi metri da me una sagoma era emersa dall'ombra della villa dei miei vicini e se ne stava in piedi, con le mani in tasca, osservando le stelle. I suoi movimenti sinuosi e la posizione ferma dei piedi sulla terra suggerivano che fosse proprio Gatsby, venuto a decidere quale parte del nostro paradiso era per lui.

È degno di nota che le osservazioni di Nick sono piuttosto distaccate, come se appartenessero a una terza persona e non a un personaggio. La voce formale va usata se volete tenere un certo stile elevato nella prosa, ma dovete essere certi che non sembri troppo la voce di uno scrittore. E se la usate per un personaggio in prima persona, rendetelo verosimile.

Esercizio. Due auto si scontrano a un incrocio. Scrivete un breve brano in cui descrivete questo evento dal punto di vista di un ragazzo, dal punto di vista di una donna dell'alta società e infine dal punto di vista di un uomo rude tipo cow-boy. Decidete voi in che modo questi personaggi sono coinvolti nell'incidente. In tutti i casi, usate la prima persona. Quindi scegliete il tipo di voce che vi sembra più appropriato per quel narratore. La voce colloquiale potrebbe funzionare per il ragazzo, ma dipende dal tipo di ragazzo, no? L'importante è che ogni brano sembri differente dagli altri, proprio perché appartiene a tre personaggi molto diversi fra loro.

VOCE CERIMONIOSA

Se volete diventare maestri di cerimonie dovete togliere dalla naftalina il vestito da sera e immaginare di essere Abramo Lincoln in procinto di

pronunciare il discorso di Gettysburg: «Quattro ventenni e sette anni fa, i nostri antenati...».
La voce cerimoniosa non viene impiegata molto spesso in narrativa, ma molti scrittori la hanno usata con buoni risultati. Uno di questi è Charles Dickens, in *Oliver Twist*:

> Il nono compleanno di Oliver Twist trovò un ragazzo pallido e magro, non molto alto in statura, e decisamente piccolo di circonferenza. Ma la natura o l'eredità avevano lasciato nel petto di Oliver uno spirito risoluto: aveva ancora spazio da occupare, grazie alla dieta frugale dell'istituto. E forse si deve a queste circostanze il fatto di essere arrivato ad avere un nono compleanno.

Osservate quanto è distaccato questo narratore. Oliver è sfortunato, e solo il suo spirito lo ha mantenuto vivo fino al nono compleanno, ma il narratore è talmente distante da scherzare quasi sul suo stomaco vuoto. Ma questo stile permette al lettore di comprendere la pena di Oliver e seguire la storia per più di quattrocento pagine.
Allo stesso tempo, il brano seguente, tratto da *Melanctha* di Gertrude Stein, un romanzo che parla della vita di una donna di colore in Connecticut all'inizio del ventesimo secolo, impiega una voce cerimoniosa molto diversa:

> Melanctha Herbert, desiderando tutto ciò che vedeva perdeva sempre tutto ciò che aveva. Melanctha veniva sempre lasciata quando non lasciava gli altri. Melanctha Herbert amava sempre troppo e troppo spesso. Era sempre piena di mistero e di movimenti sottili e negazioni e complicate illusioni. Poi Melanctha avrebbe creduto impulsivamente in qualcosa, per poi soffrire. Melanctha Herbert cercava sempre pace e tranquillità, e sempre trovava nuovi modi per finire nei guai.

La Stein crea un ritmo quasi biblico attraverso la ripetizione di frasi e parole. Usando una voce cerimoniosa, il narratore eleva la vita della protagonista a un livello più alto, e i suoi problemi appaiono sotto un'altra luce.
È molto raro trovare una voce cerimoniosa in prima persona. Il vantaggio di questo stile è che rallenta il ritmo e dà al lettore il senso dell'importanza di una storia. Lo svantaggio è che rischia di sopprimere l'energia del racconto.

ALTRE VOCI

Come già detto, questa classificazione delle voci è arbitraria, in modo da aiutare nella scelta della giusta opzione. In pratica ogni opera di narrativa può far storia a sé. La letteratura è piena di voci insolite che non trovano spazio in queste categorie.
Ad esempio, prendiamo il caso de *Il diario di Bridget Jones* di Helen Fielding:

> Martedì 3 gennaio
>
> 130 libbre (scivolo terribilmente verso l'obesità – perché? perché?) 23 sigarette, 2472 calorie.
> 9 A.M. Uh. Non ho il coraggio di andare al lavoro. L'unica cosa che mi spinge ad andare è il pensiero di rivedere Daniel, ma è impossibile che non si accorga che sono grassa, e che vorrei solo sedermi su un cuscino mangiando cioccolato e guardando gli speciali natalizi.

La particolarità della voce deriva dal fatto che l'intero libro è scritto sotto forma di diario, il diario di una donna contemporanea, trentenne e a volte nevrotica. È molto colloquiale e a volte imbarazzante, come ci si aspetterebbe da un diario.
Una voce può diventare lirica e poetica. Ascoltate il narratore di *Sulla strada* di Jack Kerouac:

> Le uniche persone per me sono i matti, gli unici che sono abbastanza matti da vivere, da parlare, da essere salvati, desiderosi di tutto allo stesso tempo, gli unici che non sbadigliano o dicono un luogo comune ma bruciano, bruciano, bruciano come candele gialle che esplodono come ragni verso le stelle...

Il narratore sta cercando la sua anima, è inebriato e lo si può immaginare mentre ciondola in strada, ubriaco.
Ci sono poi altri esempi che hanno fatto scuola. Uno è il flusso di coscienza che occupa il capitolo finale di *Ulisse* di Joyce. Un intero capitolo senza punti né virgole. Un altro esempio è *Arancia meccanica* di Anthony Burgess, per cui l'autore ha creato un vocabolario interamente nuovo (e allucinato) per spiegare la personalità del narratore.

Esercizio. Prendete qualcosa che avete scritto, anche nei precedenti esercizi. Riscrivete il brano usando una voce differente. Scegliete voi il grado di difficoltà, potete passare dal formale all'informale, oppure potete usare una voce da fiaba o da racconto noir. Oppure il flusso di coscienza. Per adattarvi alla nuova voce, potete anche cambiare punto di vista. Cercate una voce che porti la storia sotto la luce migliore.

STILE

Finora abbiamo studiato esempi tratti dai più disparati autori, ma adesso è il momento di capire come usare le voci e gli stili.
Spesso i termini "voce" e "stile" vengono confusi, ma c'è una enorme differenza. Lo stile consiste nelle scelte tecniche effettuate dallo scrittore, la voce è il risultato di queste scelte. Se la voce è il vestito di velluto, lo stile sono le cuciture, i bottoni e tutto ciò che ha permesso di creare il vestito.
La verità nuda e cruda è che la voce viene creata dagli strumenti più elementari – le parole scelte, il modo in cui vengono messe insieme per formare frasi e periodi.

Hemingway usava frasi brevi. Frasi brevi e ripetizioni. Dorothy Parker amava utilizzare frasi colloquiali, non so se ho reso l'idea. Nabokov prediligeva le parole auliche. Anche se queste cose sembrano molto tecniche, vedrete ben presto quanto le scelte stilistiche sono collegate alla personalità del narratore e al contenuto della storia. Ora osserviamo come usare questi utili strumenti stilistici.

PAROLE

La scelta delle parole influisce sulla voce in modo fondamentale, come mostrato da questi due esempi, che trattano entrambi di un narratore in prima persona che medita sul sonno.
Il primo è del racconto *Sonno* di Haruki Murakami:

> Tutto ciò che volevo era di stendermi e dormire. Ma non potevo. La veglia era sempre accanto a me. Potevo sentire la sua ombra fredda. Era la mia stessa ombra. Pazzesco, avrei camminato e mangiato e parlato con le persone durante il dormiveglia...

In questo caso Murakami ha usato una voce informale, scegliendo parole quotidiane. Si noti come "veglia" e "dormiveglia" sono usate al posto di termini più freddi come "insonnia" e "sonnolenza". Leggendo di nuovo il brano, si nota come il ritmo e le parole comunichino il senso di un'insonnia ansiogena. Si possono immaginare i movimenti nervosi e veloci del narratore insonne. "Pazzesco" salta fuori come un termine colloquiale. Adesso paragonatelo con questo brano da *Addormentarsi su a Nord* di John Updike:

> Addormentarsi non ha mai rappresentato per me una cosa naturale. C'è un'abilità surreale nell'attraversare quella terra di nessuno, quando la morsa della coscienza sta scivolando via ma è ancora presente, e i pensieri lasciano il normale ragionamento e vengono interrotti dalla luce chiara di una porta che cigola, o dal pensiero gioioso e prematuro "mi sto addormentando".

Questo narratore usa una voce formale, e risulta molto diverso da quello del brano precedente. Alcune parole sembrerebbero fuori luogo nel brano di Murakami, ma qui suonano bene.
Le parole aiutano anche a mostrare come l'insonnia del primo narratore sia diversa da quella del secondo: il primo sembra quasi uno zombie, non ha energia per parlare, mentre il narratore di Updike è tutto concentrato sull'atto di addormentarsi, e parole e aggettivi illustrano la sua personalità ossessiva. Per scegliere bene le parole bisogna conoscere bene il narratore, che tipo di persona è, quali parole sarà più propenso a usare e che le parole si adattino al tipo di voce scelto.

FRASI

Le parole da sole non creano la voce: il modo in cui vengono accostate è ciò che realmente dà fluidità alla scrittura. Il modo in cui si collo-

cano le parole in una frase è la più importante fra le scelte stilistiche. Ci sono essenzialmente due scelte da compiere con le frasi: la lunghezza e la struttura, altrimenti detta sintassi.
Prendiamo come esempi Hemingway e Fitzgerald. Entrambi scrittori contemporanei, sono tra le più accreditate voci americane del primo dopoguerra. Sia le *Storie di guerra* di Hemingway che il racconto *Un giorno di maggio* di Fitzgerald parlano della guerra e delle sue conseguenze sulla società e sugli individui.
Un giorno di maggio comincia così:

> C'era stata una guerra combattuta e vinta e la grande città dei conquistatori era attraversata da archi trionfali e corone di fiori bianchi rossi e rosa. Nei lunghi giorni di primavera i soldati marciavano per la strada principale accompagnati dal rullo dei tamburi e dal suono gioioso degli ottoni, mentre commercianti ed impiegati lasciavano le loro occupazioni e, accalcandosi alle finestre, voltavano le loro facce pallide sui battaglioni in transito.

Queste frasi lunghe e sontuose danno alla scrittura un tono mitico. Fitzgerald colloca il suo narratore nel bel mezzo dei festeggiamenti per la fine della guerra, la notte del Primo Maggio. Usa uno stile aulico e il suo narratore si muove tra le celebrazioni e le sofferenze di una grande quantità di personaggi, perché questo racconto è un collage di diverse storie ambientate a New York in una notte. Le frasi riflettono l'importanza dell'occasione e dei festeggiamenti.
Le frasi sono lunghe anche perché l'autore le riempie di aggettivi (di certo Fitzgerald non era d'accordo con il consiglio di Henry David Thoreau: «Con gli aggettivi, nel dubbio meglio cancellare»). Per il suo narratore ha scelto un linguaggio ricco per descrivere i fiori e le parate, e si può sentire lo stato d'animo della "grande città" attraverso gli aggettivi scelti: "conquistatori", "trionfali", "gioioso". E ha usato frasi dalla struttura complessa per adeguarsi alla grandezza della scena.
Decisamente diversa è la descrizione che fa Hemingway di un plotone di soldati in marcia:

> Erano tutti ubriachi. Ogni componente del plotone era ubriaco e attraversava la strada al buio... Camminavamo per tutta la notte nell'oscurità. Il sottufficiale teneva d'occhio il mio accendino e diceva «Spegni. È pericoloso. Possono vederti». Eravamo a cinquanta chilometri dal fronte ma lui si preoccupava per la fiamma del mio accendino. Era divertente.

Per prima cosa, si notano le frasi brevi. Più o meno nello stesso spazio, Fitzgerald usa due frasi e Hemingway sette. Questa è solo parzialmente una differenza stilistica tra i due scrittori, perché si tratta soprattutto di una differenza tra i due testi. Il narratore di Hemingway, Nick, combatte nella Prima Guerra Mondiale e poi compie un viaggio senza meta nel dopoguerra, sottraendosi dalla compagnia degli esseri umani e trovando conforto solo nel mondo della natura. Non c'è da meravigliarsi se le sue frasi sono brevi.

Inoltre non usa avverbi, e gli aggettivi si possono contare sulle dita di una mano. La struttura delle frasi è molto lineare, parole, verbi e aggettivi sono semplici.
È comunque consigliabile variare la lunghezza delle frasi. Se le frasi sono tutte della stessa lunghezza, il lettore si annoierà molto velocemente, come vi annoiereste voi se qualcuno vi parlasse così: «Sono andato al supermercato a comprare il latte. Ho visto un uomo che avevo conosciuto tempo fa. Abbiamo parlato del rincaro dei prezzi». Anche se la frase successiva dovesse essere sorprendente, del tipo «mi ha detto che suo figlio ha due teste», l'attenzione del lettore sarebbe già calata drasticamente.
Questo ci porta alla questione del ritmo. La lunghezza delle frasi e la sintassi creano il ritmo, che si può manipolare per ottenere effetti notevoli. Ecco un brano da *Il vecchio e il mare* di Hemingway:

> La testa del pescecane era fuori dall'acqua e la schiena emergeva e il vecchio udì il rumore della pelle e della carne che si lacerava nel grosso pesce quando scagliò l'arpione nella testa del pescecane in un punto in cui la linea tra gli occhi si intersecava con la linea che saliva fino al naso. Quelle linee non esistevano. Esistevano solo la pesante e affilata testa azzurra e i grandi occhi e le mascelle sporgenti che inghiottivano ogni cosa.

Qui Hemingway opta per una frase particolarmente lunga, con molti aggettivi. Sia la lunghezza della frase che la sua struttura danno un ritmo che riflette la confusione della lotta tra l'uomo e il pescecane. È degno di attenzione il modo in cui l'autore alterna la lunghezza delle frasi, facendo seguire a una frase lunga una molto breve e una di lunghezza media.

PERIODI

Anche la lunghezza dei paragrafi ha una grande influenza sulla voce. Si può variare la lunghezza dei paragrafi in modo da rendere il brano meno prevedibile e più sorprendente, ma a parte questo si può modificare il tipo di voce attraverso paragrafi lunghi e tortuosi o brevi e concisi, o alternandoli.
Di solito un nuovo periodo segnala un cambiamento, una separazione da ciò che lo ha preceduto, o un salto di spazio o tempo, ma non ci sono regole ferree. Alcuni scrittori riuniscono diverse separazioni all'interno di un unico periodo, mentre altri usano un singolo periodo per ogni pensiero e per ogni mutamento.
Si può notare questa libertà di interpretazione attraverso i due esempi che seguono. Il primo proviene dal racconto di Joyce Carol Oates *The fine white mist of winter*. L'autore in questo caso ha fatto una scelta chiara riguardo la lunghezza dei paragrafi e la voce narrante:

> Tempo fa a Eden County l'aiutante dello sceriffo, Rafe Murray, entrò in quello che aveva dichiarato allo sceriffo, a sua moglie e ai figli e a ogni per-

> sona che aveva incontrato nell'ultimo mese, essere il suo secondo periodo – il suo nuovo periodo, aveva detto in maniera strana, mordendosi il labbro superiore con una serie di suoni deliberati e fastidiosi. Aveva trentotto anni quando aveva avuto il problema con Bethl'em Aire, voleva dire, trentotto anni e tre figli; ma lui aveva aperto gli occhi solo quel giorno; era nato in quel giorno, voleva ricordarselo bene. Quando il lungo inverno finalmente terminò e le strade si riempirono di fango, la memoria scomparve da Eden County e dalla mente di Murray. Ma fino ad allora, in quei giorni grigi e soffocanti lui aveva conservato quegli avvenimenti ben chiari in mente.

Questo periodo contiene una serie di passaggi che avrebbero potuto facilmente essere separati fra loro. In tutta la storia, la voce sconnessa e divagante (effetto ottenuto grazie ai lunghi paragrafi) contrasta con la vita semplice degli abitanti di Eden County (ottenuta grazie a dialoghi e azioni). Il periodo contiene al suo interno anche una separazione di tempo, che diventa così più fluido.
All'estremo opposto, c'è questo esempio tratto da *Il dio delle piccole cose*, di Roy Arundhati. I protagonisti sono due gemelli, un maschio e una femmina, che sono così intimamente vicini da poter leggere l'uno nella mente dell'altra. Da bambini vengono separati. In questo brano, attraverso frasi e paragrafi brevi, viene mostrato come i due fratelli da adulti si riuniscono:

> Ma che c'era da dire?
>
> Da dove era seduto, al margine del letto, senza voltare la testa poteva vederla. Leggermente sfocata. La linea tagliente della sua mascella. Le sue clavicole simili ad ali che sporgevano dalla gola alle spalle. Lei voltò la testa e lo guardò
>
> Per lui, lei era adorabile. I suoi capelli, le sue guance, le sue piccole mani.
>
> Sua sorella.

Si può sentire l'emozione del momento attraverso gli spazi tra i paragrafi. L'ultimo periodo, composto da due sole parole, è come una lacrima che scende sulle guance del protagonista, senza essere altrettanto melodrammatico.

Esercizio. Prendete un testo particolarmente ostico, preferibilmente un atto notarile, un documento legale o il libretto di istruzioni di qualche elettrodomestico. Riscrivetelo da capo, cambiando la voce nel modo che preferite. Usate la terza persona ma cambiate drasticamente le parole, le frasi e i paragrafi del documento originale. Inizierete così a vedere i profondi effetti delle vostre scelte stilistiche. E certamente migliorerete il testo.

CONSISTENZA

Oltre a dipendere da parole, frasi e periodi, la voce è determinata anche da altri tipi di scelte stilistiche. Ci sono molte descrizioni o solo pochi dettagli? Il linguaggio è filtrato dall'immaginazione e da uno stile poetico o è molto concreto? I personaggi vengono descritti minuziosamente o è tutto lasciato all'immaginazione? La storia ha una trama complicata o no? Dialoghi e descrizioni occupano lo stesso spazio?
È importante che tutti questi elementi siano miscelati a dovere, attraverso la consistenza. Come con il punto di vista, anche in questo caso lo scrittore stipula un contratto con il lettore. Al lettore piace provare la sensazione che qualcuno gli stia raccontando una storia, e vuole che il narratore sia sempre lo stesso, a meno che non si tratti di un punto di vista multiplo. Se il narratore cambia voce drasticamente e all'improvviso, il lettore si troverà spaesato e infastidito, e non avrà più fiducia nell'autore.
Anche in questo caso ci sono le eccezioni. La voce del narratore può cambiare se si vuole ottenere un certo effetto. Un esempio classico proviene dal racconto di J. D. Salinger *Un giorno perfetto per i pesci-banana*. All'inizio, la voce narrante è sarcastica:

> C'erano novantasette pubblicitari di New York nell'albergo, e avevano monopolizzato tutti i telefoni, così che la ragazza della 507 era costretta ad aspettare il pomeriggio per ricevere la telefonata. Decise di passare il tempo leggendo su una rivista femminile, un articolo intitolato "Il sesso è divertente o è infernale".

Come si scoprirà in seguito, questa ragazza è la fidanzata del protagonista, Seymour Glass. La maggior parte della storia parla degli scherzi di Seymour e la voce continua a mantenersi su questo tono finché Seymour non torna all'hotel. A quel punto avviene un cambiamento: Seymour diventa più nervoso, e il narratore cambia con lui. La differenza, nel momento del suo ingresso nella stanza d'albergo è palese:

> Guardò la ragazza addormentata su un lato del letto a due piazze. Poi lui andò a prendere una valigia, la aprì, e da sotto una pila di biancheria estrasse una Ortgies calibro 7,65 automatica. Prese la rivista, le diede un'occhiata e la rimise a posto. Si sedette sul lato libero del letto, guardò la donna, poi la pistola, e si sparò un colpo nella tempia destra.

Il secco cambiamento della voce sconvolge il lettore, ed è quello che l'autore vuole.

TROVARE LA VOCE GIUSTA

Salinger, Hemingway, Fitzgerald, colloquiale, cerimoniale... – probabilmente tutte queste voci vi avranno mandato in confusione. Non dovete farci caso, la cosa migliore da fare con la voce è preoccuparsene il meno possibile.

Il cattivo stile spesso nasce quando uno scrittore prova a imitare lo stile di altri autori: Potete ammirare e studiare le opere dei vostri autori preferiti, ma se vi accorgete che state scrivendo come loro, c'è il rischio che perdiate di vista la vostra vera voce. I narratori di Dickens o di Salinger non sono i vostri narratori. Se in un periodo vi sentite come Hemingway, va bene, ma non esagerate. Troverete la vostra voce naturale scrivendo molto e regolarmente, scrivendo storie, o il vostro diario, o anche facendo gli esercizi di questo libro. Più scrivete, più la vostra vera voce emergerà, e non avrete bisogno di riflettere su ogni singola parola.

Esercizio. Scrivete una lettera a qualcuno che conoscete bene. Non una breve e-mail, ma una lunga lettera in cui parlate davvero di qualcosa. Non preoccupatevi dello stile o della voce, scrivete e basta. Poi, quando avrete finito, analizzate la voce con cui è scritta la lettera. Probabilmente sarà un modo efficace per riflettere sulla vostra voce naturale, che sarà simile a quella che dovrete usare per scrivere narrativa. Se vi va spedite la lettera, e se ottenete una risposta, potrete analizzare anche la voce dell'altra persona.

Un altro modo di trovare la voce è studiare bene il narratore della storia. Se usate un narratore in prima persona, fate attenzione a tutte le sue caratteristiche, e cercate di capire in quale modo dovrebbe raccontare la sua storia, se è illetterato come Huckleberry Finn o presuntuoso come Humbert. Se invece usate un narratore in terza persona, tenete conto dei personaggi, della trama, del punto di vista, del tono della storia e della vicinanza emotiva tra narratore e avvenimenti, e tra narratore e lettore. Se scegliete il punto di vista multiplo, dovrete raccontare questi passaggi per ogni voce di cui avrete bisogno.

Tuttavia, non dovete diventare schiavi dei dettagli. Se avete una trama o dei personaggi che vi sembrano buoni, non struggetevi nella scelta della voce, scrivete e basta.

Una volta finita la prima stesura, potete tornare indietro e pensare alla voce, mettendo in pratica tutto ciò che avete appreso in questo capitolo, la scelta delle parole, la lunghezza di frasi e periodi e via dicendo.

Se avete una storia già costruita nella vostra mente, cercate di adattare la voce agli eventi. Ma se non vi viene in mente niente, cominciate a scrivere dalla prospettiva di qualcuno che parla in maniera molto particolare, e lasciatevi guidare dalla voce.

Prima di terminare, ricordatevi che dovete sempre verificare la voce della storia attraverso la viva voce. Dopo un paio di stesure, leggete a voce alta il vostro lavoro, in modo da sentire se suona nel modo che volete. Potete anche chiedere a qualcuno di leggere a voi la storia, in modo da ascoltare la voce senza altri coinvolgimenti. In un caso o nell'altro, segnatevi i punti in cui la voce suona particolarmente bene, e quelli in cui non è naturale. Ben presto, sarete in grado di capire da soli, mentre scrivete, se la voce che avete scelto va bene.

Capitolo nono

IL TEMA: DI COSA PARLA QUESTA STORIA?

di Terry Bain

Alcuni anni fa avevo terminato diversi racconti che pensavo fossero pronti per la pubblicazione. Pensavo di essere sul punto di diventare uno scrittore famoso, pronto a tenere lezioni a studenti in tutto il mondo, a rispondere alle domande dei lettori e a partecipare ai cocktail. Ma le riviste non accettavano i miei racconti e quando le persone li leggevano, commentavano in un modo che non capivo, e cioè che i miei racconti «non dicevano niente».

«Cosa c'è da dire?» pensavo «sono racconti».

Perciò un giorno andai a una conferenza nella speranza di trovare aiuto da un vero scrittore, da qualcuno che sapesse di cosa parlava, qualcuno che comprendesse i miei racconti e mi indirizzasse a un agente, che a sua volta avrebbe capito i miei racconti e avrebbe mandato i racconti agli editori, che sicuramente non aspettavano altro.

Invece mi capitò di incontrare lo scrittore Mark Richard, che accettò di leggere un mio racconto. Dopo ne parlammo, e lui terminò la sua analisi chiedendomi: «Di cosa parla il tuo racconto?».

Lì per lì non capii cosa intendesse dire e dissi che non lo sapevo. «Cerca di saperlo» mi rispose, come se fosse la cosa più ovvia del mondo. Un mondo che evidentemente non conoscevo abbastanza.

Più tardi capii che stavo confondendo la trama con ciò di cui parlava la storia. Richard non mi aveva chiesto cosa succedeva nel racconto, ma quale fosse il senso alla base della storia.

Non domandava di cosa trattava la trama, ma di cosa parlava *davvero* la storia. Intendeva portarmi più vicino alla storia in modo da trarre una conclusione.

Mi decisi a rileggere la storia. Non parlava di niente. C'era tutto e niente, una semplice sequenza di avvenimenti. Perciò rilessi il racconto cercando quale fosse il "tema".

Per farla breve, la nuova versione del racconto è stata pubblicata da una rivista e alcuni mesi dopo ha vinto un premio letterario. Non sarebbe successo se non avessi trovato il tema, ed è per questo che sono qui a parlarne.

COS'È IL TEMA

Il tema è il contenitore della storia. Il tema tiene insieme tutti gli elementi di una storia, è come un vassoio, una coppa. In molti casi il contenitore non viene notato dai lettori, ma sarebbe molto difficile bere un bicchiere di vino senza il bicchiere. Il bicchiere è parte dell'esperienza, anche se spesso non ci si fa attenzione.

La parola "tema" può creare confusione. Non bisogna pensare al tema come a una spiegazione critica e accademica, o a un compito come quelli che si fanno a scuola, tutte cose che non hanno a che fare con la scrittura creativa. Avrete molti problemi se pensate che il tema sia equivalente alla morale della storia. Queste cose lasciatele ai pensatori e ai filosofi.

Il romanziere John Gardner ha detto: «Per tema intendiamo non il messaggio – una parola che nessun bravo scrittore usa per le sue opere – ma l'oggetto generale, come il tema di un dibattito può essere "la fame nel mondo"». Il tema può essere "la fame nel mondo", ma non deve necessariamente proporre la soluzione al problema. Anche Anton Cechov ha parlato del tema, dicendo che lo scrittore non deve risolvere un problema ma solo parlarne.

Perciò non dovete creare temi che risolvano i problemi del mondo, dovete solo puntare il riflettore su qualche aspetto della realtà e mostrarlo al lettore. Non *tutti* gli aspetti, *qualche* aspetto. Questo è fondamentale, perché il tema deve far risaltare la storia, come la trama. Si può dire, riassumendo, che il tema è l'idea che riassume la storia.

Forse vi sarà capitato di leggere il libro illustrato per bambini di Margaret Wise Brown *Goodnight moon.* La storia è molto semplice: un coniglio sta per andare a dormire e tutti gli oggetti della sua stanza vengono presentati al lettore. La storia, o forse il coniglio, dà la buonanotte agli oggetti: gli orologi, le calze, il gatto, l'ombrello, i guanti e così via. Ma a un certo punto c'è una pagina bianca, e una scritta dice «Buonanotte a nessuno». Quando arrivo a questo punto rimango sempre sorpreso, e solo da poco ho capito il perché.

Quando leggo «Buonanotte a nessuno» vedo la mano dell'autore. Vedo quello che c'è dietro alla storia, il suo significato, e comincio a chiedermi quale fosse l'intenzione di Margaret Wise Brown. L'intenzione dell'autrice, a mio avviso, è far capire che in quel preciso momento il coniglio si è addormentato, e la stanza è immersa nella quiete e nel silenzio. Il tema di *Goodnight moon*? Semplice, il sonno e la quiete.

Un tema ben definito dà un baricentro alla storia, permette allo scrittore di distillare le idee e presentarle in modo semplice, con una vicenda avvincente. *Goodnight moon* è diventato un classico della letteratura per l'infanzia non solo perché ha dei bei disegni, ma perché è una storia con un significato profondo al di sotto della superficie.

Quante volte capita di leggere una storia e pensare «Non è male, ma di che parla? Che vuol dire?». Per fare in modo che questo non accada, e

che il lettore rimanga incollato alle pagine, bisogna costruire un buon bicchiere da cui il lettore possa bere.
Per dimostrare che tutti i capolavori della letteratura hanno alla base un tema, ecco, a titolo di esempio, i temi che possono essere individuati in alcune famose opere di narrativa:

Guerra e pace di Lev Tolstoj: le infinite ramificazioni della guerra e della pace.

Il grande Gatsby di F. Scott Fitzgerald: la corruzione del sogno americano.

La signora con il cagnolino di Anton Ceckhov: il contrasto tra l'amore romantico e il vincolo del matrimonio.

1984 di George Orwell: uno stato di polizia che potrebbe diventare realtà.

È difficile trovare un uomo buono di Flannery O'Connor: la possibilità di trovare la bontà sotto la superficie del male.

Lolita di Vladimir Nabokov: la forza del desiderio.

Dove vai? Dove sei stata? di Joyce Carol Oates: la ricerca dell'identità.

A volte un tema può essere, in qualche misura, il messaggio. *Canto di Natale* di Charles Dickens ne è un esempio. C'è un vecchio avido di nome Ebenezer Scrooge, che è interessato solo al denaro. Ma una vigilia di Natale gli appaiono i fantasmi del Natale Passato, Presente e Futuro che gli mostrano quanto è meschina la sua vita. Scrooge capisce il suo errore e si trasforma in un uomo nuovo. Il vero tema della storia è: «Correggi i tuoi errori prima che sia troppo tardi». È certamente un messaggio, ma Dickens non lo rende pesante, perché lo comunica attraverso una storia meravigliosa.

Esercizio. Pensate alla vostra opera narrativa preferita. Cercate di riassumere il tema dominante di questa storia in una parola, in una frase o in uno slogan. Di cosa parla *davvero*? Alcuni suggerimenti: cercate le immagini ricorrenti, pensate al titolo, esaminate il climax.

CONOSCERE IL TEMA

Tutte le grandi storie hanno almeno un tema, e quindi anche le vostre storie devono averlo. So che i giovani scrittori pensano che la narrativa sia qualcosa di magico e misterioso, e che pertanto conoscere il tema rappresenti quasi un sacrilegio, ma non è così.
Per scrivere bene una storia – modellare un bel bicchiere – è meglio conoscere il tema. Non è necessario renderlo esplicito, rivelarlo ai lettori o parlarne nelle interviste, basta conoscerlo. E bisogna stare attenti affinché i lettori non si confondano.

In una storia ci può essere più di un tema? Forse, ma in un racconto è bene che il tema sia uno e uno solo. Nei romanzi invece c'è abbastanza spazio da sviluppare diversi temi, anche attraverso le sottotrame, ma non esiste una regola precisa.
Nella sua raccolta di saggi *Nel territorio del diavolo: sul mistero di scrivere*, Flannery O'Connor ha parlato del tema del suo racconto *È difficile trovare un uomo buono*:

> Una buona storia assomiglia al disegno di un bambino. Quando un bambino disegna, non ha intenzione di distorcere la realtà, ma di ritrarla con precisione tramite le linee di movimento che vede. Le linee di movimento che interessano gli scrittori sono invisibili, sono linee spirituali. In questo racconto l'attenzione del lettore deve concentrarsi sulla gentilezza d'animo della nonna, e non sui cadaveri.

Si capisce che la O'Connor sa bene di cosa vuole parlare, tiene ben saldo il baricentro della storia dall'inizio alla fine.
In questo brano, l'autrice commette l'errore di credere che sia importante dichiarare il tema, mentre non è così. Il lettore va lasciato libero di leggere e interpretare nel modo che ritiene migliore, anche se farà più attenzione ai cadaveri che alla gentilezza d'animo, perché se l'autore ha curato a dovere il tema, questo sarà comunque assorbito da chi legge.
Riassumendo, bisogna prendersi cura del tema, ma evitare di forzare il lettore a capirlo (cosa che la O'Connor non fa mai). Se forziamo il lettore a capire ciò che noi vogliamo che capisca, finiremo per scrivere storie didascaliche e inutili. Se adorniamo il bicchiere con colori vivaci e ogni sorta di decorazione, il vino che c'è dentro finirà per passare in secondo piano.
Non spiegate in ogni passaggio quello che volete comunicare. Se una storia parla della distruzione delle foreste pluviali, sarà più che sufficiente mostrare in che modo una foresta ha cambiato la vita del protagonista. Non c'è bisogno che il protagonista salga su un podio per tenere un comizio sull'argomento.
Dopo tutto, i bambini non tengono dibattiti su *Goodnight Moon*, anche se, a livello inconscio, vengono catturati dalla storia.

Esercizio. Immaginate un soldato appena tornato a casa dopo aver combattuto una guerra, e in procinto di riprendere la sua vita di tutti i giorni. Scegliete voi la guerra, va bene anche una immaginaria. Date delle caratteristiche precise al personaggio e all'ambiente, poi scrivete un breve brano in cui questo personaggio incontra delle difficoltà a svolgere un'attività quotidiana. Qualsiasi cosa facciate *non preoccupatevi del tema*. Concentratevi sul personaggio e su ciò che fa. Una volta terminato il brano, scrivete dai tre ai sette possibili temi per questa storia, e scegliete quello che vi sembra più interessante. Riflettete sulla direzione che può prendere la storia grazie a questo tema.

RINTRACCIARE IL TEMA

Il modo peggiore di trovare il tema è cominciare con esso.
Lo scrittore che comincia a scrivere con un tema già in mente, si ritrova invariabilmente tra le mani un brano didascalico e accademico. Se si comincia a scrivere pensando «Voglio parlare della fine delle ideologie», sicuramente si riuscirà a scrivere qualcosa: parole, frasi e paragrafi, ma altrettanto sicuramente non sarà una buona opera di narrativa. Bisogna cominciare da qualcos'altro.
Bisogna cominciare raccontando una storia.
Una volta arrivati al cuore della narrazione, il tema spunterà fuori autonomamente da uno qualsiasi degli elementi della storia.
Prendiamo *Canto di Natale*. Dickens ha cominciato a scrivere pensando di voler istruire i suoi lettori su come riparare agli errori commessi nella loro vita, oppure ha semplicemente cominciato a raccontare una bella storia? Mi piace pensare che la risposta giusta sia la seconda. Ha cominciato a parlare di Scrooge, e ciò che è venuto dopo è stata la naturale conseguenza delle azioni del protagonista.
Bisogna raccontare la storia prima di tutto. Alla fine si può sempre tornare indietro e rintracciare il tema.

> **Esercizio.** Provate a scrivere un racconto partendo da un tema, per vedere quanto è difficile. Il tema è: la fede. Riflettete su personaggi, situazioni e ambientazioni, in modo che siano verosimili ed efficaci. Una volta raccolte le idee, iniziate a scrivere partendo dal tema. Potete scrivere poche righe o l'intera storia. Chissà, forse riuscirete lo stesso a scrivere una bella storia.

Il momento migliore per pensare al tema è al termine della prima stesura. Se durante questa stesura vi viene in mente qualcosa di nuovo, potete inserirlo senza timori, anche se non siete sicuri che sia giusto. Nella peggiore delle ipotesi sarete costretti a revisionare il tutto, ma questo dovrete farlo comunque.
La cosa importante è che il tema emerga naturalmente dalla storia, e per questo dovrete analizzarla a fondo. È possibile che durante la scrittura abbiate una folgorazione che vi mostra il tema. Se succede, benissimo, ma non è sempre così semplice.
Per rintracciare il tema ci sono diverse tecniche. La migliore è quella di porsi delle domande. Ad esempio: le azioni dei personaggi implicano qualche verità universale? Il trionfo del supereroe sull'uomo dalla faccia verde può rappresentare il trionfo del bene sul male? Il postino che salva la vita a un personaggio rappresenta l'angelo custode? Il protagonista che cerca le sue chiavi rappresenta la ricerca del vero significato della vita? Un'altra cosa da fare è analizzare il contesto sociale della storia. La povertà del protagonista è in rapporto al concetto assoluto di povertà?
Un altro modo di cercare il tema è condensare la storia. Provate a semplificare le idee di base in un paio di parole: la storia parla dell'inevita-

bilità dell'amore; parla degli abusi di ogni tipo; dell'attesa; della bellezza; della morte.

Può sembrare riduttivo, ma ricordiamo che Flannery O'Connor non ha avuto paura di dire che il suo racconto parlava della "gentilezza d'animo".

Una cosa fondamentale è chiedersi cosa ha spinto a scrivere quella determinata storia, e poi analizzare più da vicino la narrazione.

Ricordate il mio racconto di cui ho parlato all'inizio del capitolo? Era ambientato per buona parte nella sala dei giochi di una casa – c'erano un tavolo da biliardo, le luci soffuse e un mobile bar – e parlava dei giochi mentali degli adolescenti. Nello specifico parlava di due amici; quello "dominante" cercava di convincere l'altro a baciare la vicina di casa. Per lui era un modo di manipolare l'amico, perciò in un primo momento pensavo che il tema potesse essere "le persone giocano con i sentimenti". Poi ho azzerato tutto e ho deciso che era meglio specificare: "i giochi degli adolescenti". Così ho intitolato il racconto *Giochi*, ho cambiato il finale, ho tolto alcune scene che non erano funzionali al tema e ne ho aggiunte altre più appropriate. E, come ho detto, la storia è stata pubblicata e ha vinto dei premi. Non solo, ma la storia revisionata venne molto apprezzata dall'editore che aveva rifiutato la prima versione.

Dovete sempre cercare gli elementi ricorrenti delle storie, siano essi metafore, come i giochi del mio racconto, o anche parole e immagini, tutte cose che vi giravano per la testa mentre scrivevate. Probabilmente il tema si nasconde lì.

Rileggendo la storia, appuntatevi i possibili temi e le parole chiave che incontrate. Quando un personaggio gioca con un altro, scrivete "giochi" a margine. Quando il protagonista cerca di avere la meglio, scrivete "competizione". Sottolineate i termini che vi sembrano più indicati. Non fate altro, solo sottolinearli. Ci tornerete più tardi, dopo aver letto il seguito della storia, e sceglierete il più indicato per essere il tema.

Ho usato *Goodnight moon* come esempio. Se lo aveste scritto voi, avrete dovuto fermarvi a ogni riga scrivendo le seguenti note

Testo: «Nella grande stanza verde».
Nota: *Vita. Solitudine. Pace. Quiete.*
Testo: «C'era un telefono».
Nota: *Vita. Impegni.*
Testo: «E un pallone rosso».
Nota: *Gioco. Divertimento.*
Testo: «Buonanotte pettine e buonanotte spazzolino».
Nota: *Tutti dormono.*
Testo: «Buonanotte a nessuno».

Una volta accumulati i dettagli, quello più ricorrente e significativo è il tema. In questo caso è il sonno. Forse non sarà il tema definitivo, ma certamente servirà a chiarirvi le idee, e a farvi comprendere che non era solo una storia sui conigli...

Provando e riprovando troverete il tema. A quel punto scrivetelo a caratteri cubitali in cima alla prima pagina e tenetelo sempre in mente.

> **Esercizio.** Prendete un brano scritto per gli esercizi del capitolo precedente. Trovate il tema nascosto tra le parole. Una situazione parla della natura umana? Una frase è particolarmente significativa?
> Una volta trovato il tema, revisionate il brano dalla nuova prospettiva. Forse vi troverete a dover riscrivere da capo l'intero racconto: un tema richiede attenzione.

IL TEMA RIGUARDA TUTTO

Prima ho detto che non bisogna preoccuparsi del tema nella prima stesura. Questo implica che non basterà una sola stesura a scrivere la storia. Durante la seconda, la terza, la quarta (e così via) stesura si potrà pensare in modo concreto al tema.

La scelta del tema influenza il modo in cui una storia viene revisionata e corretta, e dà senso al contenuto.

Se un personaggio sfoglia in maniera convulsa un vecchio album di famiglia, forse non sta semplicemente cercando una foto. Se cambia continuamente stazione sull'autoradio non significa solamente che odia la musica che viene trasmessa. Vuol dire che cerca qualcosa, e non riesce a trovarla. Questo può fornire un modo di revisionare la storia e sviluppare la trama in modo naturale e tematico.

Il tema consente di decidere cosa mantenere e cosa tagliare. Se una storia è, per esempio, sull'immortalità, tutti quegli elementi che non si riferiscono direttamente all'immortalità possono essere eliminati, per far spazio ad altri, più adatti al tema.

Questo non vuol dire che bisogna concentrarsi su ogni singola frase e decidere se ha a che fare con il tema, ma una volta che il tema viene stabilito, deve essere la "stella polare" verso cui rivolgersi durante la revisione. In questo modo la storia acquisterà profondità, gli elementi si susseguiranno in maniera coerente e naturale, creando una certa risonanza. La ripetizione tematica è una cosa positiva, se fatta in modo corretto. Voi conoscete bene il tema, ma forse il lettore ha bisogno di essere aiutato a individuarlo.

A questo punto, due domande sorgono spontanee: 1) Tutti gli elementi di una storia devono riferirsi *davvero* al tema? 2) Come si fa a revisionare una storia se tutti gli elementi sono già riferiti al tema?

Ottime domande. La risposta è che bisogna guardare a ogni storia dal punto di vista del relativo tema.

Nei capitoli precedenti si è abbondantemente parlato di *Cattedrale* di Raymond Carver. Usiamo questo racconto come esempio pratico per vedere in che modo si è comportato Carver per dare risalto al tema del suo racconto, e unirlo con tutti gli altri elementi dettati dal mestiere.

Per cominciare, si può riassumere così il tema di *Cattedrale*: "la vera vista è qualcosa di diverso dalla capacità fisica di vedere".

Carver si occupa del tema già dalla partenza. La storia infatti inizia così:

> Questo cieco, un vecchio amico di mia moglie, stava venendo da noi per passare la notte.

Poche righe dopo, il narratore dice:

> Non ero entusiasta di questa visita. Non era nessuno che conoscessi.

A questo punto abbiamo già capito che il narratore, un uomo che possiede la vista in senso fisico, è cieco in senso emotivo perché non ha alcun interesse a incontrare un vecchio amico di sua moglie. Questo amico ha un nome, Robert, ma il narratore è così disinteressato da chiamarlo semplicemente "il cieco". Il narratore trascina la sua vita, insensibile a tutto. È cieco nei confronti di Robert. Ogni cosa che viene a sapere su di lui è influenzata dal fatto che è cieco. È colpito nel vedere un cieco con la barba, senza gli occhiali, un cieco che fuma e ha svolto diversi lavori. Il narratore è seccato per l'attenzione di sua moglie verso il cieco. Non gli piace la poesia, e non è interessato alla vita presente e passata di sua moglie. Comprendiamo che prova poco interesse verso qualsiasi cosa, che la sua serata ideale consiste nell'ubriacarsi, fumare erba e guardare la tv. Il suo disinteresse è mostrato anche dal fatto che non rivela mai il suo nome.

Il protagonista si adatta perfettamente al tema della storia, ma lo stesso vale per gli altri due personaggi. Se l'uomo che può fisicamente vedere è cieco emotivamente, può però aiutare una persona che vede solo emotivamente, come Robert, a vedere in senso fisico. Lui vive la sua vita nonostante la menomazione, ed è interessato a tutto. Amava sua moglie, morta da poco, ha coltivato molte amicizie, come intuiamo dal modo in cui beve e fuma con i suoi ospiti. Ha persino due televisori e preferisce quello a colori.

La moglie del narratore è una persona amabile, che prova affetto per il suo amico e cerca di trattarlo meglio che può. Il suo carattere rinforza la cecità emotiva del marito.

Queste caratteristiche vengono rivelate chiaramente con poche righe di dialogo. Per esempio:

> Dissi: «Cosa posso offrirti da bere? Cosa ti piace? Abbiamo un po' di tutto. È uno dei nostri passatempi».
> «Personalmente sono per lo scotch, amico» disse prontamente con quel suo vocione.
> «Bene» dissi. Amico! «ne ero certo».
> Lui lasciò correre le sue dita sulla valigia, che era accanto al divano. Stava cercando di orientarsi. Non potevo biasimarlo.
> «La porto nella tua stanza» disse mia moglie.

È tutto in poche righe: il disinteresse del narratore, l'affabilità di Robert e la gentilezza della moglie. Tutto ciò che i personaggi dicono serve a supportare il tema, anche se loro non lo sanno.

Carver sceglie di raccontare attraverso il punto di vista del narratore in prima persona, ed è una scelta azzeccata. Non assistiamo alla cecità emotiva del narratore, la viviamo attraverso la sua mente. È interessante notare che il narratore è in un certo senso inattendibile. Il lettore non fa affidamento sulle sue opinioni, e fa bene. Il narratore dice cose dettate dalla sua chiusura mentale, cose come:

> Questo cieco, pensate un po', portava una gran barba! Una barba sulla faccia di un cieco! Questo è troppo, mi dissi.

La voce del narratore rinforza la sua mancanza di "vista", piena com'è di cinismo e ignoranza. Lungo tutta la storia, voce e punto di vista lavorano mano nella mano per mostrare i difetti del narratore.

Non bisogna tralasciare l'ambientazione. L'intera storia si svolge in casa del narratore, ma il lettore non viene mai informato a proposito dell'ambiente. Carver è normalmente molto parsimonioso con i dettagli, ma in questo caso c'è un motivo preciso. Anche se è in casa sua, il narratore non sembra in grado di vedere le cose. Non viene descritto niente con precisione, casa, moglie, cibo, liquore. È notevole l'apatia che traspare da questa descrizione:

> Il telegiornale terminò. Mi alzai per cambiare canale. Mi sedetti di nuovo sul divano.

Se non lo conoscessimo bene, potremmo pensare che Raymond Carver non era un grande scrittore. E invece lo era, e questo brano lo dimostra perché voce, punto di vista e descrizioni sono totalmente immersi nella cecità emotiva del narratore, e quindi nel tema della storia. Le descrizioni diventano più specifiche quando il narratore inizia a "vedere", come succede durante il documentario sulle cattedrali:

> La telecamera si spostò su una cattedrale fuori Lisbona. La differenza tra la cattedrale portoghese e quella francese o italiana non era così grande. Ma c'era.

A questo punto il nostro narratore disinteressato comincia a interessarsi delle differenza tra le cattedrali portoghesi e quelle francesi e italiane. È già qualcosa.

Il tema è presente in ogni momento di progressione della trama. La trama è il tema in movimento.

Se il tema viene mostrato attraverso le azioni dei personaggi, non c'è bisogno di chiarirlo. E infatti Carver non ha bisogno di farlo.

Come detto nel terzo capitolo, la Domanda Drammaturgica Principale di *Cattedrale* è se il narratore riuscirà a "vedere" davvero, una domanda strettamente connessa al tema. Tutti i momenti della storia, dall'inizio alla fine, portano il narratore sempre più vicino al momento in cui potrà cambiare.

Al climax della storia, quando il narratore disegna una cattedrale, il tema e la trama si uniscono.

Il climax vede questi due uomini che guardano la tv e vedono la cattedrale. O meglio, il narratore, che possiede la vista "fisica" vede la cattedrale. Robert, che è cieco, non ha mai visto una cattedrale. Perciò l'uomo con la vista descrive la cattedrale al cieco, ma purtroppo è emotivamente cieco, e non sa come descriverla adeguatamente.
Non sa come cambiare.
Ci riuscirà? Riuscira a "vedere"? Forse, o forse no.
Il cieco, Robert, possiede la vera "vista" e capisce le difficoltà del narratore. Così lo incoraggia a prendere carta e penna. I due si sistemano sul pavimento e il narratore tenta di disegnare una cattedrale mentre il cieco lo segue con la mano. Robert dice che in questo modo riuscirà a capire com'è fatta una cattedrale, ma in realtà forse il cieco vuole solo offrire al narratore la possibilità di cambiare. Il narratore riesce a disegnare una cattedrale e chiude gli occhi. Finalmente, come per miracolo, riesce a "vedere".
E forse anche il lettore, a questo punto, può vedere tutti gli strumenti del mestiere con cui Carver ha guidato il tema attraverso la storia.
Ma c'è un'altra cosa da notare: la cattedrale. C'è qualcosa che diventa un simbolo e acquista un significato più ampio. I simboli sono qualcosa che emergono naturalmente dalla narrazione, e l'autore, come Carver in questo caso, deve essere abbastanza abile da accorgersene.
Perché proprio una cattedrale? Le cattedrali sono forse le costruzioni più magnificenti e ispirate mai costruite, e servivano ad avvicinare l'uomo a Dio, a elevare l'anima. Quando il narratore riesce a "vedere" una cattedrale, si è elevato più in alto possibile.

Esercizio. Tornate alla vostra opera di narrativa preferita, quella per cui avete rintracciato il tema. Concentratevi su alcune pagine di testo, e segnatevi tutti i punti che sembrano collegati al tema che avete individuato. Va bene tutto: personaggi, ambientazione, voce, titolo, frasi... Se non trovate molti elementi che si riferiscono al tema scelto, cosa significa? Che il tema è illustrato in maniera molto sottile? Che è illustrato male? O che non avete individuato il tema giusto?

È possibile, anzi, doveroso, fare con ogni racconto e romanzo quello che ha fatto Carver con *Cattedrale*. Una volta scoperto il tema, dopo un paio di stesure, revisionate la storia. E in ogni revisione (una non basta) cercate di rendere ogni vostra scelta fluida, naturale e funzionale al tema. Se lo trovate difficile, fate come il narratore di *Cattedrale*: chiudete gli occhi per "vedere".

Capitolo decimo

REVISIONE: SCRIVERE È RISCRIVERE

di Peter Selgin

Scrivo per la stessa ragione per cui le persone credono in Dio, per dare un senso alla mia vita, o quantomeno per cercare di dare un ordine alle cose. Come capita a molti, odio il caos e il disordine. Lo studio dove scrivo contiene un insieme ordinato di scaffali, librerie, cassetti accuratamente riempiti di strumenti per scrivere, di quaderni ordinati per grandezza, categoria e data. Sono patologicamente ordinato, ma non sono certo il solo. La fissazione dell'uomo per l'ordine è evidente ovunque: cosa sono le costellazioni se non contenitori in cui abbiamo ordinato le stelle?

Quando insegno scrittura creativa, la prima cosa che dico ai miei studenti è che non insegnerò loro come scrivere, perché non sono in grado di farlo. Posso solo insegnare loro come riscrivere, come considerare ciò che hanno scritto, e come revisionarlo. La scrittura, l'atto di mettere qualcosa nero su bianco, è qualcosa che lascio a loro. Una volta che hanno scritto qualcosa – quando sono pronti per creare ordine dal caos – allora posso intervenire.

I VERI SCRITTORI REVISIONANO

Prima di decidere come revisionare, bisogna avere qualcosa da revisionare, quella che si chiama prima stesura. Hemingway, parlando della prima stesura, ha detto: «L'unica cosa che conta è terminarla». Da qualche parte ho sentito dire che la prima stesura va scritta con il cuore, mentre le stesure seguenti vanno scritte con il cervello.

Hemingway, uno che non aveva certo peli sulla lingua, chiamava le prime stesure "escrementi". Forse è volgare, ma è anche liberatorio. Non è un problema se la prima stesura è pessima: deve esserlo, ci si aspetta che lo sia, è quasi un obbligo. L'unica cosa importante è che la prima stesura sia finita.

Scrivete qualcosa, non abbiate vergogna o timore, siate indulgenti con voi stessi, scrivete quello che vi passa per la testa.

E ricordate, durante la prima stesura non dovete fare editing. Una mia amica scrittrice possiede una collezione di cappelli e ne indossa uno – un berretto da baseball con la scritta "Kerouac" in caratteri rossi sulla visiera – quando scrive la prima stesura, e un altro – un berretto cinese a forma di imbuto – quando la revisiona. Questo, lo ammetto, è un po' bizzarro, ma chiarisce bene una cosa: anche se condividono lo stesso obiettivo – creare un'opera d'arte letteraria – scrittura e revisione sono discipline differenti che richiedono differenti abilità e caratteri. La donna con il berretto da baseball viene guidata dal puro istinto, dall'emozione, è per metà poeta e per metà scimmia, mentre la donna con il berretto a forma di imbuto è priva di emozioni, analizza ogni parola, frase e paragrafo con un cacciavite in una mano e uno scalpello o un'accetta nell'altra.

Per quanto ispirate, le prime stesure possono sempre essere migliorate. Daphne du Maurier scrisse a proposito del compito dell'editor: «In questo lavoro non c'è spazio per il sentimento». Anche se non c'è sentimento, e se può sembrare un lavoro brutale, la revisione può essere divertente. Col tempo e con l'esperienza, lo scrittore impara non solo a trovare e risolvere i problemi del suo manoscritto, ma impara anche che la revisione può essere un processo creativo al pari dello scrivere la prima stesura. Revisionare può voler dire edificare.

Forse siete ancora riluttanti. Avete finito la prima stesura, che adesso è adagiata sulla vostra scrivania, accanto al computer, una risma di pagine piene di parole – le vostre parole.

Forse avete seguito il consiglio di Jack Kerouac: «Il primo pensiero è il pensiero migliore» e avete scritto senza freni. O forse avete distillato le parole con grande cautela, come William Styron, che non scriveva una parola se non reputava che quella precedente fosse perfetta. In un modo o nell'altro, siete portati a pensare di aver finito il lavoro. E forse avete ragione.

Ma nella maggior parte dei casi non è così. Pochi di noi sono come Styron che definiva "infernale" il suo modo di scrivere. Se siete onesti con voi stessi ammetterete che per ogni frase ben riuscita ce ne sono altre dieci che vanno accudite come piante non ancora sbocciate.

Alcuni scrittori pensano che una volta riversato il loro genio nelle pagine, sia compito di qualcun altro fare ordine: è per questo che esistono gli editor. Nei bei tempi andati questo poteva essere vero.

C'era una volta un ragazzo di nome Thomas Wolfe che poteva permettersi di lasciare un manoscritto voluminoso e disorganizzato sulla scrivania di un editor e sperare di vederlo un giorno pubblicato. E ci sarebbe riuscito, poiché l'editor in questione era Maxwell Perkins, il leggendario editor di Scribner che scoprì il talento di Wolfe e di molti altri autori.

Ma quei tempi se ne sono andati, e con loro le persone come Perkins. Oggi l'editor è una persona impegnatissima, che ha cose più urgenti da fare che revisionare le vostre opere. Se un manoscritto viene lasciato sulla scrivania di un editor, verrà letto molto, troppo velocemente. Perciò, nel momento di consegnarlo, il manoscritto deve già essere revisionato dall'autore. Perché i veri scrittori revisionano.

PRIMA DELLA REVISIONE

Prima di iniziare il processo di revisione, prima di operare chirurgicamente la storia in cerca di tumori e corpi estranei, le parole, e con loro le nostre emozioni, devono essere lasciate a riposo. L'insonnia, l'eccessiva passione, il nervosismo e la troppa caffeina non sono cose adatte a un buon chirurgo.

Non bisogna revisionare sotto l'influsso dell'estasi creativa, o quando si è stanchi, depressi o dubbiosi.

La prima stesura è terminata? Bene. Lasciatela riposare. Fate qualcos'altro, iniziate a lavorare su un altro progetto, prendetevi due settimane di vacanza. L'importante è tenersi a distanza di sicurezza dal manoscritto, questo renderà più facile il processo di editing.

Sembra paradossale, ma meno ricontrolliamo la nostra opera, meno difficoltà incontreremo nella revisione. L'eccessiva familiarità con un'opera impedisce di vederne i difetti.

Certo, non c'è bisogno di andare sulla luna prima di revisionare. Alcuni autori scrivono la mattina e il pomeriggio o la sera revisionano quello che hanno scritto. Altri aspettano il giorno successivo, per essere sicuri di mantenere la giusta obiettività. Ma revisionare troppo presto comporta dei rischi, come dice anche Virginia Woolf nel suo diario *Il viaggio*:

> Quando lessi il brano (una sera uggiosa) pensai che era così piatto e monotono che non riuscivo neanche a "sentire" l'atmosfera: di certo non c'erano personaggi. La mattina dopo iniziai a cancellare e riscrivere, nella speranza di dargli vita e (questo è solo un sospetto, perché non l'ho ancora riletto) di distruggere l'unica virtù che aveva – una specie di continuità: perché l'avevo scritto originariamente in uno stato simile al sogno che era proseguito per molto... Ho conservato tutte le pagine eliminate, così da poter ricostruire il brano precisamente come era.

La Woolf suggerisce giustamente di conservare tutte le stesure, per evitare di buttare il bambino con l'acqua sporca.

Ma cosa succede se, dopo qualche giorno, non riuscite ancora a guardare il vostro manoscritto con la giusta obiettività e non avete tempo di fare un viaggio? O se avete una data di scadenza per la pubblicazione, e sentite il fiato sul collo? Come fare a "raffreddare" in fretta un manoscritto, e a rendere le parole meno familiari?

Provate a leggere le vostre parole ad alta voce, con una matita rossa e blu fra le dita. Scandite le parole come se fossero pietre contro un pubblico immaginario. Createvi un lettore ideale, potrebbe essere anche il fantasma del vostro autore preferito. Mentre leggete, immaginate le sue reazioni, il sorriso o le sopracciglia aggrottate. E ascoltatevi. Le parole pronunciate a voce alta sono diverse da quelle scritte. Vi accorgerete non solo della mancanza di ritmo o di errori nella logica, ma anche del linguaggio troppo pretenzioso, dei luoghi comuni, delle digressioni e di molti altri difetti. Vi stupirete nel vedere quante volte dovrete usare la matita.

Alcune persone non amano andare al cinema da sole, e allo stesso modo non amano leggere a voce alta da soli, nel qual caso devono trovare qualcuno che li ascolti. Non un editor o un altro scrittore, ma semplicemente qualcuno che ami ascoltare qualcun altro che legge. Non c'è bisogno che questa persona muova delle critiche, e anzi è meglio che non lo faccia, deve solo ascoltare e reagire alle parole. Le sue reazioni alle vostre parole vi saranno molto utili.
In alternativa potete cercare qualcuno che legga a voce alta *a voi*. Ascoltando le vostre parole pronunciate da altri – con tanto di inflessioni, errori, risate e lacrime – farete dei grandi passi avanti nei processo di revisione. Potete anche leggere a voce alta e riascoltarvi con l'aiuto di un registratore.
Rimangono altre due soluzioni. La prima è quasi imbarazzante nella sua semplicità. Provate a stampare la vostra storia in un carattere insolito, ma leggibile. Le vostre parole vi sembreranno nuove, e potrete cominciare ad analizzarle.

Esercizio. Prendete qualcosa che avete scritto, anche per gli esercizi precedenti, e leggetelo a voce alta. Mentre leggete, prendete nota di tutto quello che può essere migliorato. Se vi annoiate, immaginate quanto si annoieranno i lettori. Domandatevi perché il brano non è emozionante: ogni fase deve essere guardata con sospetto. Dopo revisionate il brano partendo dalle vostre annotazioni.

L'ultima soluzione è di chiedere aiuto, se siete abbastanza fortunati da conoscere un lettore simpatetico che sia allo stesso tempo un abile editor. Per "simpatetico" intendo un lettore che sia in sintonia con le vostre intenzioni e il vostro stile.
Non è difficile contattare editor professionisti, basta pagare. Ma ricordate, anche l'editor più costoso e più esperto può non essere adatto a valutare il vostro lavoro. Professionale o no, l'opinione di un editor rimane un'opinione, e molti scrittori famosi ai loro esordi non sono stati compresi da editor "esperti". Gli editor sono come barbieri, una volta trovato quello che fa per voi potete mettervi con tranquillità nelle sue mani. O meglio, potete lasciargli il manoscritto e andare in vacanza.
Ciò detto, nessun consiglio di un editor va seguito ciecamente. È pur sempre il vostro scritto, e avete il diritto di ascoltare i suggerimenti e dire «no, grazie». A volte gli interventi degli editor possono chiarire e sintetizzare la vostra prosa, mentre voi la volevate rabbiosa e scorretta. Gli editor tendono a essere sempre troppo cauti.
Tennesse Williams disse una volta a Gore Vidal, che gli aveva appena revisionato un racconto: «Hai corretto tutti i miei errori, ed erano tutto ciò che avevo».

IL PROCESSO DI REVISIONE

Adesso siete pronti a revisionare. Ma cosa revisionare, come revisionare, quanto revisionare?

> Correggete fino a farvi sanguinare le dita. (Donald Newlove)
>
> Non me ne frega niente. (Lawrence Durrell)

Due grandi autori, due opinioni apparentemente inconciliabili. Come conciliarle? Chi ha ragione?
Si scrivono molte stesure per scoprire cosa si sta scrivendo davvero, e come rifinirlo fino al suo aspetto finale. Pensate a un pittore con una tela a disposizione. Dipinge tutto il giorno, per giorni, poi raschia via il colore e ricomincia da capo. Può ripetere questo processo per dozzine di volte prima di arrivare all'opera compiuta. Tutto questo lavoro è tempo perso? No di certo, è parte del processo creativo.
All'inizio, la revisione è re-invenzione. Dalla prima stesura si prendono solo le cose migliori: un personaggio riuscito, una scena, una descrizione, anche solo la frase di apertura, possibilmente il tema – il resto sono solo parole superflue. Ma se anche è servito solo per un elemento, tutto quello scrivere non è stato invano.
Suggerimento: una volta terminata la prima stesura, ricominciate da capo. Prendete un foglio bianco, o aprite un nuovo documento di testo nel computer, e iniziate a scrivere, questa volta con maggior sicurezza di ciò che volete fare. Fate affidamento sulla prima stesura solo se c'è qualcosa degno di essere conservato, altrimenti ripartite da zero. D.H. Lawrence fece così, scrivendo per tre volte *L'amante di Lady Chatterley* e ottenendo tre romanzi sullo stesso argomento, ma diversi l'uno dall'altro. Le vecchie parole possono bloccare il flusso delle nuove.

Esercizio. Ritornate a qualcosa che avete scritto, anche negli esercizi precedenti. Re-inventate il brano, leggetelo decine di volte chiedendovi cosa c'è di originale e riuscito. Può essere un personaggio, il tema, un'idea di fondo, anche una sola frase. Siate coraggiosi, eliminate tutto fatta eccezione per questo elemento promettente. Ricominciate a scrivere il brano da capo.

Due stesure sono solo l'inizio. Non è insolito che uno scrittore arrivi a venti, o più stesure per una singola storia. E dopo venti stesure, certe storie rimangono ancora inedite, in fondo a qualche cassetto. Questo deve convincere dell'inutilità delle revisioni? No, perché forse la ventunesima stesura è quella buona.
D'altro canto, ci sono storie finite e pubblicate dopo due sole stesure.
La verità è che certe storie sono più facili da scrivere di altre. Ma quelle più difficili sono comunque degne di essere scritte. Bisogna sempre partire dall'idea che una storia va revisionata molte volte.
Raymond Carver, uno dei più grandi scrittori contemporanei, confessò di revisionare le sue storie non meno di una dozzina di volte. Sapeva meglio di tutti che i veri scrittori revisionano.

IL GRANDE DISEGNO

Se nella prima stesura si scrive con il cuore, senza preoccuparsi di nulla, nelle successive stesure bisogna preoccuparsi di tutto, e mettere in pratica i trucchi del mestiere appresi grazie a questo libro. Si può adottare la tecnica di concentrarsi per ogni stesura su un solo aspetto specifico. Si può revisionare ogni scena pensando solo a migliorare i dialoghi, e nella stesura successiva occuparsi del tema. Qualunque sia l'approccio scelto, prima di correggere le piccole cose – se usare le virgolette o le linee, ad esempio – bisogna essere sicuri che il Grande Disegno sia a posto.
Ecco le cose importanti da considerare.

Personaggi

Le persone sono interessate alle persone, è per questo che leggono storie. Ecco alcune domande da porsi a proposito dei personaggi: per prima cosa «Ci sono tutti i personaggi necessari per raccontare la storia?». Se la risposta è affermativa, è il momento di chiedersi «Posso diminuire il numero dei personaggi? Il protagonista può funzionare con due amici invece di tre?». Quando si riflette sul numero di personaggi presenti in una storia, è utile ricordarsi che meno sono, meglio è. C'è anche meno lavoro da fare.
Una volta deciso che ci sono tutti i personaggi necessari, non di più e non di meno, domandatevi: «I personaggi sono troppo piatti? Svolgono il loro ruolo in maniera troppo prevedibile?». Quando si assegna a un personaggio un ruolo troppo prevedibile, lo si condanna a essere uno stereotipo. Come ha detto F. Scott Fitzgerald, «Pensate a un individuo, e senza accorgervene avrete creato un tipo. Pensate a un tipo, e senza accorgervene avrete creato… niente».
Per finire, chiedetevi: «I personaggi principali sono sufficientemente motivati?». Un personaggio senza obiettivi è una nullità. Ci sono eccezioni, come il Candido dell'omonimo romanzo di Voltaire, ma, a meno che non stiate scrivendo una storia satirica o un romanzo esistenziale, i vostri personaggi devono volere qualcosa.

Trama

Se dovessi scegliere una formula per la trama, sceglierei senz'altro la variazione del modello in tre atti proposta dal poeta inglese Philip Larkin: inizio, confusione[2] e conclusione
L'inizio è cruciale. Se una storia inizia in maniera fiacca, difficilmente il lettore resisterà fino alla "confusione" centrale, per non parlare della conclusione. Gli scrittori vengono sempre invitati a prendere il lettore per la gola sin dalla prima pagina o dal primo paragrafo. A volte funziona. C'è qualcosa di irresistibile in:

> Hale sapeva che volevano ucciderlo prima che arrivasse a Brighton.

2. Gioco di parole intraducibile in italiano. Larkin adopera il termine "muddle" (pantano, confusione) al posto di "middle" (parte centrale del modello in tre atti).

Ovvero la frase di apertura di *Brighton Rock* di Graham Greene. Ma non tutti i lettori vogliono essere presi per la gola, alcuni preferiscono essere sedotti con grazia, come succede in *Moby Dick*:

> Chiamatemi Ismaele.

Non c'è bisogno di essere sensazionali per essere appassionanti e interessanti. Dovete immaginare di essere un ospite appena arrivato a una festa e di volervi mettere in mostra. Potete strangolare la padrona di casa: sicuramente vi farete notare. Oppure potete far tintinnare il vostro bicchiere di vino e iniziare a raccontare una storia ricca di fascino e dettagli appassionanti. In altre parole, potete fare presa sul lettore senza torcergli il collo.

Un sistema utile per ottenere un buon inizio è quello di tagliare la parte iniziale della vostra stesura, quella che gli editor chiamano "schiarirsi la gola". Domandatevi: «Qual è la prima cosa interessante che avviene nella storia?» e cominciate da lì.

Una volta terminata la prima stesura, potete essere certi che la confusione è lì dove deve essere, nella parte centrale. La parte centrale è come la carne nel sandwich. Consiste in un evento o in più eventi che portano all'evento più grande di tutti, il climax. Se i personaggi sono sufficientemente motivati, se fate attenzione a scegliere con cura i momenti clou delle loro vite, se modellate le scene meglio che potete, la parte centrale verrà da sé.

La domanda da porsi è: «Ho scelto con cura tutti gli eventi necessari per raccontare la storia?». John Gardner parla del ruolo "dell'eleganza e dell'efficienza", e vuol dire in parole povere, "se potete raccontare una storia in quattro scene, non raccontatela in cinque".

La conclusione: anche se la si osserva come un punto fisso all'orizzonte, è meglio non raggiungerla del tutto. È un po' come dire che bisogna lasciare i personaggi liberi di trovare la giusta soluzione ai loro problemi e ai loro obiettivi, con le relative ripercussioni drammatiche. La conclusione di una storia deve essere imprevedibile non solo per il lettore ma anche per lo scrittore.

Detto ciò, se una conclusione è sorprendente ma inverosimile o addirittura impossibile, non sarà soddisfacente. La giusta conclusione deve essere al tempo stesso sorprendente e inevitabile. Il lettore, arrivato all'ultima riga, deve saltare sulla sedia per la meraviglia, e un attimo dopo esclamare: «Ma certo! Non poteva che essere così!», perché la giusta conclusione è sempre il risultato di tutto ciò che è accaduto prima.

Punto di vista

Lo scrittore spesso sceglie il punto di vista a partire dalla natura del materiale a disposizione. Il più delle volte l'istinto degli scrittori non sbaglia. Ma un modo istintivo di raccontare una storia non è automaticamente il modo corretto. Deve anzi essere l'ultima possibilità.

Una volta terminata la prima stesura, domandatevi: «Ho scelto il miglior punto di vista? Devo alternare il punto di vista di più personaggi?». Queste sono le grandi domande da porsi per non sbagliare. Certo, se quello che avete scritto sembra andare bene, perché cambiare? E se una storia o una scena non funzionano, il primo a essere sospettato è il punto di vista.
Ogni pdv scelto ha i suoi pregi e i suoi difetti. Il pdv in terza persona è il meno problematico, è molto flessibile e permette di avere una prospettiva più ampia. D'altro canto, cosa sarebbe stato *Il giovane Holden* narrato in terza persona? E *Huckleberry Finn*? E se Melville avesse scritto: «Il suo nome era Ismaele» sarebbe stato un inizio decisamente brutto. Un narratore in prima persona è più intimo, dà l'impressione di ricevere la storia direttamente dalla voce dell'eroe.
Ma Madame Bovary sarebbe stata insopportabile come narratrice in prima persona. E Jay Gatsby non avrebbe potuto raccontare tutte le implicazioni della sua storia.

Descrizioni
«State lontani dalle astrazioni» disse il poeta Ezra Pound. E anche se finì in manicomio, su questo punto aveva ragione.
Quando scrivete una descrizione, il lettore deve ascoltare, vedere, odorare, gustare e sentire ciò che i personaggi ascoltano, vedono, odorano, gustano e sentono. Anche se le parole astratte come "bello" o "misterioso" sembrano possedere qualità universali, il più delle volte annoiano il lettore.
Dire «Sally aveva dei bei capelli rossi» è come non dire nulla. Ma dire «I capelli di Sally splendevano come fiamme di rame ai lati del suo viso» – be', fa tutto un altro effetto.
Nelle descrizioni, il particolare deve prevalere sul generale, e il concreto sull'astratto. Ecco come Shakespeare descrive una tempesta:

> Soffia, il vento fende le tue guance! È rabbioso! Soffia!
> Gli uragani e le cataratte del cielo gettano acqua
> Finché non hai inzuppato le nostre torri, annegato i galli!
> I fuochi *solforosi* e *solidi*
> Vantano messaggeri di fulmini fendenti,
> Bruci la mia testa *bianca*! E tu, tuono risonante,
> Colpisci la *grossa* rotondità del mondo!
> Spezzi la terra, tutti i semi si riversano,
> e rendono l'uomo *ingrato*!
> Rimbomba forte! Sputa fuoco! Scaglia pioggia!

È molto diverso da «era una notte buia e tempestosa». Ho evidenziato gli aggettivi: sono pochissimi, ma di che intensità! *Solidi* e *fendenti* sono nomi usati come aggettivi, e quindi comunicano l'idea di concretezza e realtà, come anche *risonante*. *Bianco*, come tutti colori, è un'astrazione concreta. Anche *solforoso* è concreto, si può quasi sentirne l'odore. L'unica parola davvero astratta è *ingrato*.

Anche quando si cercano dettagli concreti bisogna essere selettivi. D.H. Lawrence, parlando dei dettagli, distingue tra ciò che chiama «il vivo e il morto». Il vivo è quello nelle cui vene scorre il sangue, il morto... è morto e basta. Le prime cose che si notano riguardo una persona o un luogo sono di solito le cose "vive". Il resto sono cose "morte".

Dialoghi

Poche parole sul dialogo. Bisogna essere concisi: meno parole si usano per arrivare nel vivo, meglio è. Sottotesto: non è ciò che i personaggi dicono, ma ciò che intendono dire, ciò che importa davvero. Logica: le persone sono illogiche, specialmente quando parlano, specialmente quando discutono. Contrapposizione: i personaggi *devono* discutere. Veniamo a sapere molte informazioni importanti quando i personaggi sono in disaccordo su qualcosa, o hanno diverse filosofie. I dialoghi non devono mai essere delle registrazioni di conversazioni reali. Il dialogo deve essere letterario, ma deve poter essere recitabile; un buon motivo per leggerlo ad alta voce.

Non forzate le parole in bocca ai personaggi. Se li conoscete bene, e li avete motivati a dovere, dovreste anche sapere cosa devono dire e quando devono dirlo, ritagliandovi l'umile ruolo dello stenografo.

Fate attenzione all'alternarsi di scene e sommari, di dialoghi e descrizioni (questa è una materia che riguarda tanto il dialogo quanto il progredire della storia, visto che dovrete decidere quali eventi comprimere e quali espandere). Gli autori più esperti sanno come alternare scene e dialoghi, in modo da dare l'impressione al lettore di trovarsi sulle montagne russe. Ma non c'è un solo modo per ottenere questo effetto, altrimenti lo userebbero tutti. Alcuni autori prediligono dare un ampio spazio ai dialoghi (Elmore Leonard su tutti), altri, come ad esempio Jens Christian Grondahl, autore di *Silence in October* (un romanzo che parla di un uomo abbandonato dalla moglie che passa 280 pagine a riflettere su questo e altri argomenti) li evitano quasi del tutto.

Quando diciamo che una storia si legge velocemente, esprimiamo un giudizio quantitativo, non qualitativo. Scrivere non è come correre a Indianapolis. A volte si vince andando piano, altrimenti dovremmo ammettere che Thomas Mann e Virginia Woolf, per citarne due, sono autori noiosi.

Ambientazione

Il contesto è tutto. Ambientate *Madame Bovary* a Beverly Hills negli anni '90 e non avrete una storia da raccontare. I lettori devono essere condotti nel tempo e nello spazio delle storie, con tutto ciò che ne consegue. Una storia ambientata a Los Angeles è impregnata di smog e traffico, mentre una ambientata a New Orleans è intessuta di musica, un romanzo che comincia in una "notte buia e tempestosa" sarà diverso da uno ambientato in una giornata di sole. L'ambiente è un personaggio a tutti gli effetti, e come tale va trattato.

Inoltre gli ambienti si possono usare in maniera metaforica. La nebbia onnipresente attraverso cui vediamo Londra nel romanzo *Bleak House* di Dickens evoca la nebulosa oscurità del sistema giudiziario inglese, che è l'argomento del libro.

Flashback

Nel suo romanzo *Il centauro*, John Updike per ben tre pagine parla al lettore di un viaggio a New York che ha poco o niente a che fare con il presente della storia, che è ambientata su un'auto che viaggia verso la scuola durante una mattina nevosa a Brewer, in Pennsylvania. Questa scena è una digressione, o meglio, un flashback. Un flashback è una digressione che ha una sua funzione specifica.

Come fa Updike a scrivere un flashback di tre pagine? Prima di tutto scrivendo come Updike, il che non fa mai male, e in secondo luogo riuscendo a capire fino a che punto si può distrarre l'attenzione del lettore prima che dimentichi la scena presente.

Gli autori alle prime armi, molto spesso perdono di vista le scene, e le infarciscono di flashback che parlano di esplorazioni avventurose o viaggi al Polo Nord, di cui non si sentirà più parlare nel corso della storia. Un maestro come Updike sa sempre come gestire la scena e tenere alta la tensione. Sa che se perde troppo tempo a ricordare il passato, il treno partirà senza di lui. Updike è abbastanza scaltro da non inserire dialoghi nel flashback, sapendo benissimo che questo può confondere il lettore facendogli pensare che una scena è terminata ed è iniziata la successiva. Per lo stesso motivo limita i suoi flashback a singoli periodi, anche se lunghi.

Questa è la regola generale (ma non certo inflessibile) sui periodi: breve è meglio. Se vi accorgete che un flashback deve occupare molto spazio, considerate l'ipotesi di collocarlo in un punto specifico, ad esempio dedicandogli un intero capitolo.

Voce

Con i primi periodi, si stipula un contratto con il lettore. Si stabilisce di raccontare un certo tipo di storia con una voce specifica. Di qualsiasi natura sia il contratto, bisogna rispettarlo. Buona parte del lavoro di un editor riguarda proprio questo aspetto.

Si può discutere se ciò che chiamiamo "stile" è qualcosa di più di un *tic* dello scrittore reso *costante* attraverso l'editing, in modo da produrre la *voce* del narratore. Qualcosa di pazzesco fatto una volta sola è un errore, fatto costantemente è stile. Lo "stilista" è uno scrittore che fa particolare attenzione ai dettagli: linguaggio, punteggiatura, figure retoriche, ritmo e musicalità delle parole. Dico sempre ai miei studenti che non sono in grado di insegnar loro a essere poeti, ma posso insegnare ad essere "stilisti". Per uno scrittore, è più che sufficiente.

Ma pensare troppo allo stile porta molti bravi scrittori, e le loro opere, alla disfatta. Questo succede perché molti scrittori alle prime armi sviluppano un'idea di stile che non ha niente a che vedere con la pratica. Pensate a un qualsiasi attore che decida di essere il nuovo Marlon Brando nonostante non abbia niente in comune con lui. Così come ogni attore nasce con certe caratteristiche, ogni scrittore ha un'indole e dei doni particolari con cui deve imparare a convivere, e non a combattere.

Il termine "giornalese" è stato probabilmente coniato da Hemingway per descrivere quel tipo di prosa fatta per esser letta solo una volta, come quella degli articoli di giornale. Se un racconto o un libro vengono letti per due o più volte, non è per la trama o per la storia, ma per il linguaggio, per il piacere offerto da un certo arrangiamento di parole. Perciò, se volete essere letti solo una volta, potete saltare questa parte.

Con il "giornalese" il lettore riceve tutte le informazioni necessarie nel giusto ordine. Ma le frasi lasciano a desiderare; c'è concisione, ma manca musicalità; ci sono i personaggi, ma manca la voce. Come per la poesia, o per la musica, non c'è nessuno che parla. Avete raccontato una storia, lo avete fatto in maniera giornalistica. Ma la prosa è scarsa, se non inesistente.

Provate ad alzare la voce. Ricordate "Il suo nome era Ismaele"? La terza persona uccide la frase. Ma supponiamo che Melville avesse scritto "Mi chiamo Ismaele", o "Mi chiamano Ismaele" o anche "Potete chiamarmi Ismaele". A confronto di "Chiamatemi Ismaele" tutte e tre le versioni sono francamente improponibili.

Questo non vuol dire che passando in rassegna ogni frase arriverete a scrivere un capolavoro. Vuole dire semplicemente che scrivere bene significa correre dei rischi, come avere un personaggio talmente forte da far colpo sin dalla prima frase, come Ismaele. O, da un estremo all'altro, un personaggio totalmente senza spina dorsale come il protagonista del romanzo *La fine della strada* di John Bart, che si presenta dicendo «In un certo senso, sono Jacob Horner...». In un modo o nell'altro, l'autore deve sapere padroneggiare il materiale che ha a disposizione, prendere posizione con autorità, anche l'autorità della debolezza, e mantenerla fino alla fine.

Tema

Come detto, leggiamo i libri per conoscere le persone e anche se possiamo iniziare a scrivere con una qualche idea di tema, non abbiamo bisogno di sapere con esattezza cosa stiamo scrivendo finché non abbiamo finito. Come disse lo storico Daniel J. Boorstin, «Scrivo per scoprire cosa penso». Scrivendo arriviamo al tema. Il tema è l'effetto, non la causa.

Quando però il tema emerge, lo scrittore ha la responsabilità di riconoscerlo e sottolinearlo.

Gli scrittori non seminano il tema, lo raccolgono e lo nutrono, rendendolo presentabile al lettore.

Esercizio. Prendete qualcosa che avete scritto, anche per gli esercizi precedenti. Revisionate il brano, apportando qualche modifica – cambiando il punto di vista, abbellendo i dialoghi, sostituendo l'ambientazione... Una volta fatto, cercate di concentrarvi unicamente su un elemento del mestiere. Se volete, potete fare un'altra revisione concentrandovi su un altro elemento. Con così tanti elementi a cui badare, spesso conviene concentrarsi su uno di essi per volta.

LE PICCOLE COSE

Adesso che il grande disegno è a posto, è tempo per la micro-revisione: è il momento di cercare il pelo nell'uovo. Ma niente paura, questa parte può essere divertente come la prima stesura. È a questo punto che potete armarvi di penna e trasformarvi in uno stilista letterario.
Anche in questo caso è opportuno leggere ad alta voce ciò che si è scritto. Ogni piccola cosa che emerge dalla lettura è degna di attenzione. È anche opportuno far leggere il proprio lavoro a qualche persona fidata e competente per avere un parere.
Alcune piccole cose da considerare:

Grammatica e punteggiatura

La grammatica è una convenzione, un accordo tra persone civili, e come tutte le convenzioni può essere abbandonata, se c'è un buon motivo. Scrivendo questa frase, metto una virgola dopo la parola "frase", scrivo in maiuscolo la prima lettera, e finisco con un punto. Se facessi altrimenti, molto probabilmente non verrei capito.
La grammatica è una delle poche cose, forse l'unica, che accomuna gli scrittori. Bisogna usarla. Non in maniera automatica o servile, ma con il dovuto rispetto per le menti che la hanno portata a sopravvivere per secoli. La punteggiatura va trattata alla stregua di un personaggio: l'esuberante punto esclamativo, l'impulsivo trattino, l'intellettuale punto e virgola. Una semplice virgola, messa nel punto sbagliato, può rovinare una frase.
Ma questo non è il posto giusto per una lezione; prendete una qualsiasi grammatica e troverete tutte le risposte che cercate. Ricordate però che prima di rompere le convenzioni, bisogna conoscerle bene. Solo chi ha grande esperienza sa come infrangerle con efficacia. Altrimenti i lettori potrebbero pensare che siete ignoranti.

Metafore

La metafora è la figura retorica attraverso cui una cosa è descritta nei termini di un'altra. "La bocca di Lester è una fogna" è una metafora. Aggiungete un "come" e avrete una similitudine: "La bocca di Lester è come una fogna". Ecco il mio consiglio: se potete trasformare una similitudine in metafora senza confondere il lettore, fatelo. Perché dire che una cosa è *come* un'altra, quando potete dire *cosa* è? Il lettore non è uno stupido. Il lettore sa che si tratta di un'immagine figurata; spiegarglielo vorrebbe dire insultarlo. E non bisogna mai insultare o sottovalutare il lettore.

Non fate confusione con le metafore. Se un palcoscenico sembra "una striscia di spiaggia", il pubblico può essere "un'onda", ma non "un campo di grano". Steinbeck ha detto: «Le parole catturano odori e sapori come il burro in un frigorifero». Le metafore sono come la cipolla: state attenti o appesteranno il frigo.

Aggettivi e avverbi

Aggettivi e avverbi possono modificare le altre parole. Ci si augura quindi che aggiungano significato a qualcosa che non lo aveva. Il problema è che molti di essi sono superflui. "Disperatamente solo" è un esempio. La disperazione della solitudine è implicita nella parola "solo", non c'è bisogno di aggiungere altro. Se scegliete i giusti nomi e verbi, non avrete bisogno di altro. Controllate che nelle vostre pagine non ci siano avverbi superflui, dannosi o che possano essere sostituiti con un nome o con un verbo.

Ciò non toglie che aggettivi e avverbi siano utili; hanno una cattiva fama perché gli scrittori li usano in modo meccanico, e non come dovrebbero essere usati, per sottolineare qualcosa che altrimenti sarebbe passato inosservato. Quando Joseph Heller, che adora i suoi aggettivi, descrive nel suo romanzo *Comma 22*, la faccia "rude e monolitica" del Generale Dreddle, aggiunge alla faccia qualcosa che non c'era. Quando dice che un silenzio è "austero", il lettore percepisce quel silenzio in modo differente. E quando dice che i medici militari e i colonnelli hanno "bocche efficienti e occhi inefficienti", il lettore sospetta che sappia precisamente cosa vuol dire, anche se non lo spiega. «Attenti agli aggettivi» non significa non usarli. Significa usarli nel modo giusto, come un cuoco usa le spezie.

Caccia ai cliché

Il romanziere Martin Amis chiama la scrittura una "caccia al cliché". «Non i cliché della penna, ma i cliché della mente e del cuore».

Un cliché è una figura retorica o un'immagine che una volta ha avuto il suo posto al sole. Un tempo la frase "essere come un libro aperto" era poetica e degna di Shakespeare. Adesso è solo un vecchio cliché. Se aveste creato voi quella frase, potreste andarne fieri. Ma non siete stati voi, e quindi una frase del genere va usata solo se a pronunciarla è un personaggio con determinate caratteristiche. Si suppone che uno scrittore sia in grado di descrivere in termini più specifici.

Quando rileggete la vostra prima stesura, molto probabilmente la troverete piena di cliché. Un personaggio può essere "un cuore di pietra", "bianco come il latte", qualcosa può essere portata "su un piatto d'argento" o "in guanti bianchi".

Frasi di attribuzione

"Disse" – la più usata dalle parole – è la frase d'attribuzione perfetta per un dialogo: breve, discreta, funzionale ma invisibile come il maggiordomo di *Quel che resta del giorno*. Perciò non torturatevi alla ricerca di modi alternativi di dire "disse", come "singhiozzò", "blaterò", "gemette", o "intonò", "annunciò" o, peggio, "opinò". Non c'è bisogno che il personaggio affermi qualcosa, con o senza convinzione, quando può semplicemente dire sì. O, meglio ancora, annuire.

Con questo non voglio dire che "disse" sia l'unica frase di attribuzione permessa. Nelle 340 pagine de *L'uomo dal braccio d'oro* di Nelson Algren, nessun personaggio "dice" qualcosa, ma tutti "acconsentono", "vogliono sapere", "assicurano", "replicano", "raccontano", "avvertono", "decidono", "stabiliscono". Algren è un maestro nell'evitare di dire "disse". Ma d'altra parte Robert Stone non usa altro che "disse". Ed entrambi sono grandi autori.

Scegliere le parole

Molto spesso uno scrittore è tentato di usare parole complicate e ridondanti, o termini tecnici, quando invece la soluzione migliore sta nella semplicità. È meglio che un personaggio "compri" una bottiglia di vino, piuttosto che "acquistarla". Lo stesso vale per termini accademici come "estemporaneo", "estrapolare", "esemplare", "ottimale", che possono apparire in un saggio, ma non in un'opera di narrativa.

Perché li ho chiamati termini accademici? Perché sono termini presuntuosi, che imitano la scrittura chiara e concisa senza essere né chiari né concisi. La gente dice che gli avvocati scrivono male. Ma lo stile di scrittura degli avvocati, se ben fatto, può essere efficace (come dimostra il giudice Woolsey in *Ulisse*). La brutta scrittura legale non è brutta perché è legale, ma perché è brutta. Parafrasando Tolstoj, tutta la brutta scrittura è brutta in tanti modi diversi, ma tra questi la pretenziosità è il peggiore.

Il modo più facile per essere pretenziosi è usare parole pretenziose. Allo stesso modo, evitate frasi come "il fatto che" o "la questione se". Guardate con sospetto le parole che finiscono in -zione, -ismo, o termini astratti. Alcune parole sono per politici, non per poeti, al limite per narratori presuntuosi come Humbert Humbert, che sarebbe perso senza il suo lessico forbito.

Nel dubbio, semplificate. I lettori ve ne saranno infinitamente grati. O meglio, vi ringrazieranno.

> **Esercizio.** Tornate al brano revisionato nell'esercizio precedente. Anche se probabilmente siete arrivati al punto di conoscerlo a memoria, revisionatelo facendo le seguenti cose: 1) controllare la grammatica; 2) modificate i cliché e le parole pretenziose, lasciando solo quelle assolutamente necessarie; 3) controllate le metafore; 4) controllate ogni frase di attribuzione che suoni sospetta. Potete fare tutto insieme o una cosa alla volta. Quando avete finito, congratulatevi con voi stessi per essere diventati editor.

TAGLIO E CUCITO

I lettori non hanno pietà. Possono smettere di leggere la vostra storia proprio nel bel mezzo di quel brano su cui avete passato notti insonni. I lettori hanno il coltello dalla parte del manico: non hanno nessun

obbligo nei vostri confronti, mentre voi avete tutti gli obblighi possibili verso di loro. È per questo che gli scrittori tagliano e cuciono senza pietà durante il processo di editing, fino ad arrivare al risultato finale.
Arriva il momento in cui dovete passare in rassegna con l'occhio del giudice (o del boia) ogni frase che avete scritto. Non bisogna avere pietà. Daniel Newlove, l'uomo con i polpastrelli consumati, dice «Meglio tagliare che modificare». «Cancellate le parole inutili» dicono Strunk e White. Non lo saprei dire meglio.
Molti tagli sembreranno masochisti, ma se un'opera di cinquemila parole funziona bene, perché lasciarne diecimila? Sarete sorpresi di quanto arriverete a tagliare. La maggior parte di ciò che dite è implicito, può essere dedotto o immaginato. Il lettore vuole partecipare alla storia, se gli togliete l'immaginazione lo tagliate fuori. D'altronde, l'immaginazione del lettore è più grande di quella dello scrittore, allora perché non farci affidamento? E ciò che taglieremo mancherà solo a noi. Al contrario dei colori a olio, le parole non costano nulla: non ci sono scuse per salvarle.
Per "cucire", intendo l'opera di riunire frasi e periodi, di ri-orchestrarli, modificandone le parole fino a renderle più chiare e puntuali possibile. Cucire è più facile che tagliare, ma bisogna conoscere i trucchi. Sarà l'esperienza ad aiutarvi. Per ogni periodo ben cucito ce ne sono decine mutilati. Gli scrittori chirurghi operano i loro corpi senza anestesia, e imparano dagli errori. Ma imparano.
Voglio condividere con voi l'evoluzione di un periodo problematico nel mio romanzo *Life goes to the movies.* Il luogo: un ristorante sull'East River. Nella prima stesura, la scena è appena abbozzata, senza intenzione di evocare un'atmosfera o uno stato d'animo:

> Il matrimonio si celebrò nell'agosto del 1985 su una barca dell'East River, dalla parte di Brooklyn. Come se volessero celebrare l'occasione, le stelle brillavano. Un'orchestra di dodici elementi suonava jazz.

È scritto in "giornalese". Adesso entriamo nella macchina del tempo e attraversiamo decine di stesure:

> Il ricevimento di nozze si tenne su una barca dell'East River, con il ponte di Brooklyn che suonava l'arpa nell'aria calda sopra di noi. La sabbia dorata di Manhattan risplendeva nell'acqua. Statue scolpite nel ghiaccio custodivano vassoi di caviale mentre dodici musicisti in giacca color vaniglia suonavano trombe e ottoni brillanti nella brezza della notte.

Mio Dio quanti aggettivi! E ci sono dei cliché, come "la sabbia dorata", degni di uno scrittore pulp. Per non parlare della parata di aggettivi sul lusso che fanno venire il mal di mare. E le metafore non funzionano.
Portate la macchina del tempo avanti di otto mesi, attraverso altre due stesure, e leggete:

> Stacco. Notte. Una barca coperta con una tenda è attraccata sull'East River,

> dalla parte di Brooklyn. La pioggerellina estiva mitiga l'aria afosa mentre il ponte tanto favoleggiato disturba con il traffico delle auto. Sirene di ghiaccio offrono vassoi di caviale, ostriche adagiate su ghiaccio tritato; gamberetti sulle salse dei cocktail. Un'orchestra swing in giacca color vaniglia dà ritmo alla notte. Sul fiume, intanto, lo skyline di Manhattan irrompe in tutta la sua energia.

Va meglio, ma ci sono ancora troppi aggettivi. Per migliorarlo, bisogna tagliare senza pietà:

> Stacco. Notte. Una barca coperta è attraccata sull'East River, dalla parte di Brooklyn. La pioggerellina estiva addolcisce l'aria mentre il ponte si fa sentire con il rumore del traffico. Sirene di ghiaccio offrono vassoi di caviale e ostriche. Un'orchestra swing dà ritmo alla notte. Sul fiume, lo skyline di Manhattan irrompe in tutta la sua energia.

Esercizio. Tornate a qualcosa che avete scritto e, ormai lo sapete, va bene anche uno degli esercizi precedenti. Tagliatene via un terzo. So che può sembrare impossibile, ma probabilmente non lo è. Siate spietati. Prendetevi una pausa, mezz'ora o qualche giorno, poi cercate di capire se il brano è migliorato, semplicemente grazie al taglio. Se vi sembra che sia così, tornate all'inizio e iniziate l'opera di "cucito", aumentando la qualità di ciò che è rimasto.

Adesso tutti quegli aggettivi di troppo sono stati eliminati o sostituiti da altri, più pertinenti. In accordo con il tema del libro, la vita che si mescola al cinema, il linguaggio assomiglia a quello di una sceneggiatura. L'enfasi è tutta sui verbi. La frase di chiusura non mi convince del tutto, ma non c'era modo migliore di esprimere quel concetto.

Meglio o peggio che sia, è così che appare nel romanzo. Potete non essere d'accordo con le mie scelte, ma penso che converrete sul fatto che il brano è migliorato rispetto alle stesure precedenti.

Come facciamo a sapere quando abbiamo finito? Come facciamo a sapere quando la nostra opera è migliorata al punto tale da non poter più intervenire? Alcuni scrittori dicono di non finire mai le loro storie: semplicemente le abbandonano. Per molti scrittori nessuna storia è terminata se non viene pubblicata. E anche a quel punto può essere migliorata.

Ci sono anche quelli che dicono di sapere perfettamente quando terminare: quando tutti i pianeti sembrano allineati, quando forma e significato sono indistinguibili e ogni parola è indispensabile. Per me è come crescere i figli. A un certo punto, pronti o no, se ne vanno. Sentono il bisogno di affrontare il mondo là fuori. Forse alcune storie non piaceranno mai a certe persone; forse non saranno mai amate e ammirate universalmente. Ma, come i loro autori, avranno fatto del loro meglio.

Appendice

IL SANTO GRAAL DELLA PUBBLICAZIONE

di Corene Lemaitre

A questo punto starete pensando: «D'accordo, ho scritto alcuni racconti e ho terminato un romanzo. Sono pronto per iniziare la mia carriera letteraria. Quindi, ditemi come fare per arrivare alla pubblicazione».

Mi piace l'entusiasmo. Il desiderio di essere pubblicati porta grandi motivazioni. Ma, nonostante l'indubbia attrattiva che esercita, la pubblicazione non deve essere l'unico obiettivo. In un'industria competitiva come quella letteraria, è fondamentale che lo scopo principale sia quello di migliorarsi il più possibile e a scrivere al massimo delle proprie possibilità. E ci sono anche quelli che scrivono solo per il gusto di farlo.

«È possibile diventare ricchi facendo gli scrittori?» è una delle domande che mi sento rivolgere più spesso. La mia risposta, che consiste in una serie di statistiche e nella spiegazione del meccanismo dei diritti d'autore, invariabilmente finisce per deludere. Chi mi fa questa domanda vuole solo sentirsi rispondere "sì".

Poiché scrivere può essere un duro lavoro, il desiderio di guadagnare molto è comprensibile. Ma se volete davvero fare soldi, la letteratura probabilmente non è il modo migliore. Questo è un mondo di vacche grasse e vacche magre, e queste ultime sono le più comuni, tanto è vero che anche ad autori noti capita di restare al verde. Perciò se pensate che scrivere sia come vincere la lotteria, andrete incontro a una grossa delusione.

Togliendo quindi la ricchezza, bisogna chiarire le ragioni per cui si vuole pubblicare un libro, e ce ne sono molte. Pubblicare apre molte porte. Potrete conoscere molte persone ed essere invitati a feste e premiazioni. La vostra vita migliorerà. Avrete occasione di viaggiare, tenere conferenze e interviste. Avrete dei riconoscimenti professionali.

Ma c'è un prezzo da pagare. Venire pubblicati richiede molto tempo. Agenti ed editori non rispondono velocemente, e quando lo fanno, probabilmente è per rifiutare le vostre opere. Cercare le persone giuste e preparare i manoscritti vi porterà via molte ore e rovinerà la vostra vita privata. «Ma io non voglio una vita privata» direte voi «voglio solo scrivere, scrivere e proporre le mie creazioni fino a perdere le forze». In questo caso, si può fare qualcosa.

IL PRODOTTO

> I dattiloscritti arrivano sempre in condizioni pessime. Tra le pagine compaiono molliche di pane, capelli, cenere e ogni tipo di refuso... La prima impressione, quindi, è pessima.
>
> Frank Swinnerton, *Authors and the book trade.*

Cosa bisogna fare esattamente per essere pubblicati? Pensate a un'equazione in due parti. Per prima cosa create un prodotto – in altre parole, il romanzo o il racconto. Poi lo vendete. Molto semplice. Scrivete e poi vendete. Nessuna delle due cose è facile, e bisogna impegnarsi molto in entrambi gli aspetti.

Ho usato una terminologia molto commerciale. Prodotto. Vendita. Inappropriato? Affatto. Uno scrittore fa affari, anche se piccoli.

Pensiamo alla prima parte dell'equazione, scrivere. Avete appena letto dieci capitoli di tecniche e trucchi (a meno che non li abbiate saltati per arrivare subito qui), perciò dovreste aver capito come creare il prodotto. *Orgoglio e pregiudizio* è un prodotto. *Cattedrale* è un prodotto. Cosa li rende tali? Il cartellino del prezzo.

Come in tutti gli affari, il prodotto deve essere appetibile, altrimenti come si fa a convincere agenti ed editori?

Per prima cosa, l'opera deve essere completa. Non basta un'idea, o poche pagine, ma un lavoro finito. Questo è un punto essenziale, anche se a molti aspiranti scrittori piace credere altrimenti. Una volta sono stato avvicinato da un conoscente che mi ha raccontato di avere una grande idea per un romanzo. Mi ha spiegato per filo e per segno la trama, poi mi ha chiesto:

«Cosa devo fare?». «Devi scriverlo» ho risposto io. Lui mi ha guardato, stupito «Tutto?».

Sì, tutto. Inizio, parte centrale e fine. Nessuno lo può fare al posto vostro.

> **Esercizio.** È giunto il momento di terminare qualcosa. Se avete un racconto incompleto, finitelo. Se non lo avete, iniziatelo e finitelo. Scrivete un racconto anche se siete maggiormente interessati ai romanzi, perché impiegherete meno tempo. Se non avete idee, potete prendere ispirazione dagli esercizi di questo libro. Per uno scrittore la cosa più importante è finire la prima stesura. Solo così si potrà andare avanti fino alla fine.

Ci sono scrittori che prendono lauti anticipi in base a poche pagine scritte, ma molto probabilmente hanno alle spalle diversi best-seller e il loro nome funziona come *brand* (altro termine commerciale). Gli autori di best-seller godono di molti benefici perché i loro libri vendono bene, e questo accade per molte ragioni, tra cui la qualità.

Questo ci porta al controllo della qualità. Editori e agenti non hanno il tempo di scovare i pregi nascosti nelle vostre opere, perciò dovete assicurarvi che questi pregi siano ben visibili.

Una volta sicuri del contenuto, bisogna pensare alla forma.

Se volete fare una buona impressione, bisogna seguire determinate regole di formattazione. Seguire queste regole vi aiuterà ad apparire professionali, altrimenti verrete liquidati come dilettanti e difficilmente il manoscritto verrà preso in considerazione.
Il formato standard per la narrativa è questo:

- Caratteri neri su carta bianca in formato A4.
- Caratteri di 12 punti, preferibilmente Times New Roman, Courier o Arial.
- Doppia spaziatura.
- Paragrafi rientrati.
- Almeno due centimetri di margine.
- Numero delle pagine a destra.
- Sillabazione corretta (non quella automatica del computer) e controllo ortografico.
- Aggiungete una pagina con il titolo, il numero di parole e/o caratteri, il vostro nome, numero telefonico, e indirizzo e-mail. Ripetete queste informazioni sulla prima pagina.
- Le pagine non devono essere rilegate.

Ecco alcune cose da *non* fare assolutamente:

- Graffette e punti spillati.
- La vostra fotografia, quella della vostra famiglia, disegni ecc. (sareste stupiti nel vedere le cose che capitano sotto gli occhi di un editor).

A questo punto, non rimane che chiudere il manoscritto in una busta, insieme a una lettera di presentazione. Anche se la posta elettronica è sempre più usata, all'inizio è meglio affidarsi al vecchio metodo.
Una cosa importante. Ogni volta che spedite qualcosa a un agente, a un editor o a una casa editrice, inserite sempre nell'involucro una busta vuota indirizzata a voi stessi, per l'eventuale risposta. Inserite una busta grande se volete indietro il manoscritto, o una piccola se volte solo una lettera di risposta.
Una cosa che preoccupa molti è la tutela del diritto d'autore. Per vostra tranquillità, potete depositare il materiale inviato, oppure consegnare una copia sigillata a un avvocato o a un notaio. Si tratta di cose che potrebbero aiutarvi in un eventuale procedimento, ma niente può impedire che qualcuno vi rubi l'idea.
Il mio consiglio è di non essere paranoici. Agli editori non conviene rubare qualcosa che possono comprare con poco. Perciò nella lettera di presentazione è meglio non fare accenno al copyright, è un'altra cosa che fa sembrare dilettanti. Mandate le vostre opere con fiducia. Nessuno può rubarvi la voce.

LA LETTERA DI PRESENTAZIONE

Il manoscritto ora è finito ed è nella busta, pronto per essere spedito. Ma c'è ancora un altro passo da fare: la lettera di presentazione.

È la lettera che ha il difficile compito di rendere interessante il vostro lavoro agli occhi degli agenti o degli editori. Nel caso di narrativa breve, la lettera sarà semplice e accompagnerà il racconto. Nel caso di un romanzo, la lettera sarà un po' più complessa, e probabilmente accompagnerà solo una parte del libro. La funzione della lettera è quella di catturare l'attenzione, quindi deve essere scritta con maestria, e convincere a richiedere l'intero manoscritto.
La tipica lettera di presentazione segue questo schema:

- Una o due righe d'apertura per presentare il racconto o il romanzo e per spiegare perché si è arrivati a contattare quel determinato editore. Forse siete stati consigliati da un altro autore, o forse quella casa editrice ha nel suo catalogo delle opere che ricordano la vostra.
- Il *pitch* della storia. Per "pitch" si intende un riassunto molto breve che funga da slogan, e che susciti interesse. Dovete incuriosire, non spiegare. Per un racconto sono sufficienti poche righe, per un romanzo almeno un periodo ben scritto.
- Qualche informazione su di voi. Provate a spiegare chi siete, senza vergognarvi ma anche senza dare l'impressione di essere presuntuosi. Elencate, se ne avete, le vostre esperienze nel campo, o eventuali altre pubblicazioni di qualsiasi tipo. Se non ne avete, non c'è nessun problema.
- La chiusura. Fate notare di aver incluso una busta per la risposta, e aggiungete di attenderla fiduciosi.

L'intestazione deve includere il nome della persona a cui scrivete, evitate il generico «Egregio/a signore/a». Siate professionali e concisi, ma fate emergere il vostro stile. Anche questa lettera è una dimostrazione della vostra abilità di scrittori, proprio come il racconto o il romanzo che spedite.

> **Esercizio.** Scegliete un racconto o un romanzo su cui avete lavorato molto, o su cui state lavorando. Scrivete una lettera di presentazione per questa opera, anche se non è terminata. Vi sarà utile perché dovrete riassumere l'essenza della storia. La lettera deve essere professionale ma lasciar emergere la vostra voce. Se il racconto o il romanzo è già finito, allora speditelo.

LA PALUDE DEI MANOSCRITTI

Il vostro manoscritto, una volta spedito, finirà quasi sicuramente nella *palude*. La "palude" è il nomignolo che viene dato alla pila di manoscritti ricevuti da agenti e case editrici. E ne ricevono tanti, perlopiù non richiesti. Fortunatamente, la maggior parte di queste opere sono scritte male, non adatte alla pubblicazione, formattate in maniera sbagliata o tutte queste cose messe insieme. Perciò, anche se la risposta non è garantita, un manoscritto presentato in maniera professionale si fa notare più facilmente. Il primo sguardo alla vostra opera probabilmente verrà dato da un assistente o da un lettore specializzato della casa editrice. Queste persone sanno cosa cercare in un'opera, e non è una brutta idea avere un primo contatto con uno di essi.

Controllate rigorosamente la qualità della vostra opera, e avrete buone possibilità di salvarvi dalla palude.

CASE EDITRICI

Avete un romanzo pronto e finito. A questo punto, il vostro desiderio è quello di presentarlo a qualche editore.
Un tempo quella dell'editoria era "un'industria di gentiluomini", e le case editrici molto spesso erano portate avanti come aziende familiari, senza piani editoriali precisi. Oggi è invece un mercato come tutti gli altri, ovvero governato dagli affari. Un tempo c'erano tante case editrici di medie dimensioni, oggi ci sono alcune case editrici che fagocitano buona parte del mercato e lasciano alle altre le briciole, le nicchie, i settori specializzati. Ovviamente, il desiderio di tutti è quello di essere pubblicati subito dalle grandi case editrici, quelle che vendono meglio, che hanno in catalogo tutti i best-seller, che promuovono in maniera capillare il loro prodotto. Questo non sempre è possibile, anzi, si tratta perlopiù di eccezioni. È molto difficile che una grande casa editrice dia fiducia immediatamente a un autore senza esperienza, a meno che non veda in lui enormi potenzialità. Iniziare da un editore di dimensioni medio-piccole può essere la soluzione giusta. Ciò non toglie che tentare non nuoce, l'importante è scegliere con cura gli editori a cui rivolgersi. Inviare manoscritti a destra e a manca vuol dire perdere tempo: consultate bene il catalogo delle case editrici (con internet è un gioco da ragazzi), cercate le collane specializzate nel genere che preferite, e rivolgetevi a coloro che pubblicano già opere affini alle vostre. Controllate anche altri aspetti, come la serietà (potete cercare di contattare altri autori), e la capillare distribuzione dei loro libri.

AGENTI

A volte gli scrittori guardano agli agenti letterari come se si trattasse di angeli custodi in grado di condurli per mano attraverso tutti gli stadi della pubblicazione. Leggono le opere che ricevono, invitano a cena gli autori e li presentano alla gente che conta, e gli fanno fare un mucchio di soldi. Troppo bello per essere vero.
Gli agenti sono esseri umani come tutti gli altri, ma hanno comunque gli strumenti per aiutare gli autori a entrare nell'industria letteraria.
Un agente letterario è quella persona che aiuta a vendere un'opera letteraria a un editore in cambio di una commissione, solitamente dal 10 al 15% del prezzo della transazione. Gli agenti sono spesso necessari perché sono le uniche persone in grado di avvicinare domanda e offerta. Le case editrici sono spesso riluttanti a fare affidamento su opere di autori sconosciuti, e spesso non hanno neanche il tempo di analizzarle come si deve. L'intercessione di un agente può innanzitutto aiutare il manoscritto ad uscire dalla "palude".
L'agente ideale deve: leggere il manoscritto e dare suggerimenti per la revisione; sottoporre l'opera all'editore che ritiene più adatto; negoziare

i termini del contratto rappresentando gli interessi dell'autore; vagliare la possibilità di altre fonti di guadagno (diritti televisivi o cinematografici, pubblicazione all'estero ecc.); esaminare le clausole del contratto; occuparsi dei pagamenti da parte degli editori.
Una volta firmato il contratto, l'agente può occuparsi anche della promozione.
Cosa cerca l'agente letterario in uno scrittore? Cosa induce un agente a scommettere su uno dei tantissimi scrittori che esamina?
«Cerco sempre l'originalità» dice Suzanne Gluck, direttrice dell'agenzia letteraria William Morris. «Sia che si tratti di una voce insolita, di una nuova prospettiva sulla condizione umana, o di un posto mai visto. E chi riesce a farmi ridere ha buone possibilità».
Nel descrivere l'autore ideale, la Gluck non ha dubbi: «Il mio cliente ideale è qualcuno di cui io sia la prima ammiratrice, qualcuno per il quale la mia opera di rappresentanza sia una diretta conseguenza della passione che provo per il suo lavoro».
Siamo tornati al punto di partenza. Bisogna scrivere un buon libro.
Bisogna anche cercare l'agente più giusto per le proprie caratteristiche.
La Gluck prosegue: «I due aspetti più critici del rapporto tra agente e autore sono la fiducia e la visione condivisa. Gli agenti rappresentano dei consiglieri, degli avvocati e anche, si spera, degli strenui e professionali difensori. Ci sono tantissime decisioni da prendere: quando il cliente ha fiducia che il suo agente avrà sempre a cuore i suoi interessi, e l'agente ha fiducia che l'autore metterà sempre il cuore in ciò che fa, ci sono buone possibilità che le cose vadano al meglio».
Perciò, è giunto il momento di stilare un elenco di agenti. Il principio è lo stesso adottato per le case editrici: cercate persone che rappresentano autori a cui vi sentite simili, e il cui lavoro abbia dato dei frutti.
Mettiamo il caso che abbiate trovato una lista di agenti che fa per voi. Dovete mandare l'intero manoscritto? No. Un agente non ha il tempo di leggere tutto ciò che avete scritto, e comunque gli bastano poche pagine per capire se scrivete bene o no.
Avete due possibilità. Potete informarvi presso l'agente e chiedere come comportarvi: alcuni agenti vogliono solo una lettera di presentazione, altri una lettera e una sinossi dell'opera, altri ancora vogliono leggere alcune pagine. Quasi mai chiedono l'intero manoscritto.
La seconda possibilità è fare di testa vostra e mandare all'agente almeno cinquanta pagine del manoscritto. Molte opere prime hanno una struttura debole, o non ce l'hanno affatto. Spesso sono una serie di episodi, scene attaccate l'una all'altra senza costrutto, ed è questa una delle prime cause di rifiuto. Cinquanta pagine dimostreranno se siete in grado di costruire una storia.
Se inserite anche una sinossi, assicuratevi che non dica troppo, altrimenti c'è il rischio che l'agente si limiti a leggere solo quella. Cercate di spingere l'agente a leggere direttamente l'opera.
A questo punto bisogna effettuare una scrematura. Scegliete tre o quattro agenti dalla lista, quelli più promettenti.

Molti agenti preferiscono avere l'esclusiva sul materiale che visionano, e questo è comprensibile. Un agente non vuole innamorarsi di un manoscritto per poi scoprire che è stato messo sotto contratto da altri. Contattare un agente alla volta porterebbe via troppo tempo, quindi spedire tre o quattro manoscritti per volta è un ragionevole compromesso. Se un agente si mostra interessato, è importante agire tempestivamente. Se richiede l'intero manoscritto, mandateglielo e dategli otto settimane per decidere. Scaduto il termine, se non avete notizie mandate una lettera formale con cui chiedete informazioni. Non cominciate a tempestarlo di e-mail o telefonate.
Ci sono diverse possibilità, a questo punto. Ci può essere un rifiuto totale: succede, e bisogna chiedersi perché. Forse il manoscritto va migliorato ancora, o forse si è scelto l'agente sbagliato. Sceglietene un altro, e riprovate. È importante la "visione condivisa", quando vi capita di parlare con un agente cercate di capire se è la persona giusta. È un po' come un matrimonio, bisogna fare molta attenzione. Una volta scelto l'agente, mandate una cortese lettera di ringraziamento a tutti gli altri che vi hanno contattato. Non si sa mai, è meglio non chiudere le altre porte.

RISPOSTE E RIFIUTI

Inizialmente dovrete abituarvi a ricevere molte lettere di rifiuto. Ma ci sono diversi tipi di rifiuti, e alcuni possono essere molto utili. Possono quasi rappresentare un complimento.
I tipi di risposta possono essere più o meno gli stessi, che provengano da agenti, case editrici riviste e via dicendo.
Ecco gli esempi tipici:

- *Nessuna risposta*: succede anche se avete incluso la busta per la risposta. Come mai? Chissà: disorganizzazione, troppi impegni. In ogni caso, non prendetevela. Non sanno cosa si sono persi.
- *Lettera standard di rifiuto*: è una lettera standard uguale per tutti. È il tipo di risposta più comune, ma non vuol dire che la vostra opera non sia stata davvero letta. Probabilmente le persone in questione sono troppo impegnate.
- *Lettera di rifiuto personalizzata*: è una lettera standard con l'aggiunta di note a margine con cui si spiegano i motivi del rifiuto. È raro, e se succede vuol dire che il vostro lavoro si è comunque fatto notare.
- *Rifiuto con invito a riprovare*: è il rifiuto più incoraggiante. Vi verranno dati dei suggerimenti su come migliorare e modificare la storia, con un invito a proporre la nuova stesura. Revisionate la storia seguendo anche solo parzialmente i suggerimenti, poi spedite di nuovo la storia con una fotocopia della lettera e una nota di ringraziamento.
- *Accettazione*: può arrivare per lettera o per telefono. In ogni caso potete festeggiare: presto sarete pubblicati.

Probabilmente dovrete fronteggiare molti rifiuti, ma potete consolarvi pensando che prima di voi è successo a Herman Melville, Charles

Dickens, Virginia Woolf, James Joyce, Dylan Thomas e Marcel Proust. Il modo migliore di affrontare un rifiuto è quello di mettersi a scrivere. Non fatevi buttare giù da una lettera, cercate di avere sempre più progetti da portare avanti.

PUBBLICARSI DA SOLI

Una breve nota a margine. Se nessun editore accetta il vostro libro, ma voi volete comunque vedere la vostra opera pubblicata, potreste decidere di affidarvi all'auto-pubblicazione.

Con l'avvento della stampa digitale on-demand, questa opzione si è diffusa rapidamente. Esistono società tipografiche che curano l'aspetto produttivo del libro, dall'impaginazione alla stampa. Sono società non selettive: pubblicano tutto ciò che gli viene proposto. E ovviamente c'è un prezzo da pagare. È consigliabile chiedere l'aiuto di persone esperte per controllare la qualità del lavoro. Una volta stampato il libro, tocca all'autore decidere come muoversi e come vendere la sua opera.

Fate attenzione alla cosiddetta "vanity press". Qual è la differenza tra servizi di stampa on-demand e vanity press? I secondi fingono di essere veri editori, vi manderanno una lettera in cui decanteranno le doti della vostra opera, e si dichiareranno entusiasti di pubblicarvi. E poi vi chiederanno dei soldi. Mentre l'auto-pubblicazione è una scelta legittima, la vanity press va assolutamente evitata.

CONCLUSIONI

A un certo punto ci si accorge di essere diventati degli scrittori. Questo non avviene necessariamente con la pubblicazione, è una transizione graduale, è un po' come diventare adulti: si può trovare una convenzione per decidere quando si entra nell'età adulta, ma la maturità arriva gradualmente, e può anche non arrivare.

A un certo punto si scopre che sedersi davanti al foglio bianco e iniziare a lavorare è diventato più facile. Oppure ci si accorge di aver trovato il posto per la scrittura all'interno della giornata. Scrivere diventa una parte essenziale della propria vita.

Una volta diventati scrittori, però, non cambia niente. Bisogna continuare ad applicarsi con disciplina, senza adagiarsi sugli allori, e cercare di migliorarsi sempre.

A meno di non essere molto fortunati, sarà difficile riuscire a vivere solo grazie alle proprie opere, perciò bisognerà ritagliarsi uno spazio per la scrittura all'interno degli altri impegni lavorativi. Questo spazio deve essere trattato come un luogo sacro. Allo stesso tempo, è necessario cercare di coltivare uno stile di vita sano, non rinunciare a uscire, a divertirsi, a fare vita sociale. La scrittura è un'attività legata allo stato d'animo, e lo stato d'animo è legato allo stile di vita che si conduce.

E per finire, bisogna scrivere, scrivere, scrivere, per far sparire il blocco dello scrittore, per non perdere l'allenamento, per comprendere il mondo e per lasciarsi trascinare dal flusso delle parole.

SCRITTURA

Masia Claudia, *Scrivere di se stessi*, pp. 160, € 19,00 (Manuali 228)
Linda Seger e John Rainey, *Scrivere grandi dialoghi*, pp. 128, € 15,00 (Manuali 246)
Michele Frisia, *Corpi del delitto*, pp. 144, € 18,00 (Manuali 245)
Marina Gellona, *Ascoltare e narrare le vite degli altri*, pp. 144, € 18,00 (Manuali 234)
Donella Antelmi, *Scrittura professionale*, pp. 160, € 19,00 (Manuali 233)
Miranda Pisione, *L'Eroe Tematico, ovvero come scrivere grandi personaggi*, pp. 152, € 18,00 (Manuali 231)
Michele Frisia, *Delitti e castighi*, pp. 200, € 19,00 (Manuali 221)
Zoë Fairbairns, *Guida al racconto breve*, pp. 136, € 16,00 (Manuali 214)
Roy Peter Clark, *Gli strumenti dello scrittore*, pp. 168, € 19,00 (Manuali 209)
Alfonso Cometti e Grazia Giardiello, *Scrivere con i tarocchi*, pp. 144, € 16,50 (Manuali 208)
Maria Carla Virzì, *Gli strumenti dello storytelling*, pp. 128, € 15,00 (Manuali 202)
Wayne C. Booth, *Retorica della narrativa*, 3 voll., pp. 196, pp. 112 e pp. 208, € 20,00, € 13,00 e € 22,00 (Manuali 181/1, 181/2 e 181/3),
William Zinsser, *Scrivere bene*, pp. 120, € 15,00 (Manuali 174)
Louise DeSalvo, *Scrivere per stare meglio*, pp. 160, € 18,00 (Manuali 147)
Christopher Vogler, *Il viaggio dell'Eroe*, pp. 180, € 20,00 (Manuali 1)
Lajos Egri, *L'arte del personaggio*, pp. 128, € 15,00 (Manuali 132)
William Cane, *Scrivere come i grandi*, pp. 176, € 19,00 (Manuali 127)
Laura Grimaldi, *Scrivere il giallo e il nero*, pp. 80, € 10,00 (Manuali 123)
Jack Heffron, *Il libro delle idee per la scrittura*, pp. 144, € 16,00 (Manuali 121)
William Strunk jr, *Elementi di stile nella scrittura*, pp. 96, € 11,00 (Manuali 107)
Jessica Page Morrell, *Master di scrittura creativa*, pp. 176, € 19,00 (Manuali 90)
Dara Marks, *L'arco di trasformazione del personaggio*, pp. 240, € 25,00 (Manuali 89)
Donna Levin, *Scrivere un romanzo*, pp. 192, € 19,00 (Manuali 46)
Jack M. Bickham, *Scrivere un racconto*, pp. 160, € 18,00 (Manuali 28)